Bitcoin

Du novice au Crypto Pro :
Naviguer dans le paysage Bitcoin en toute
confiance

Isabelle Laurent

Table des matières

Introduction

Bienvenue dans « Bitcoin : du novice au crypto pro - Naviguer dans le paysage Bitcoin en toute confiance ». Nous partons pour un voyage à travers le monde fascinant du Bitcoin dans cet ebook, la monnaie numérique révolutionnaire qui a bouleversé le secteur financier.

Cet e-book est destiné à être votre guide complet, que vous soyez un novice complet espérant comprendre les principes fondamentaux du Bitcoin ou un aspirant professionnel de la crypto cherchant à améliorer vos connaissances et à naviguer dans les complexités de l'écosystème Bitcoin. Une fois que vous aurez terminé, vous aurez pleinement confiance en votre capacité à interagir avec Bitcoin, à faire des choix judicieux et à tirer parti de son potentiel.

Le Bitcoin est bien plus qu'un simple type de monnaie numérique. Il s'agit d'une force de transformation qui met à l'épreuve les systèmes financiers existants et ouvre de nouvelles opportunités aux populations du monde entier. Sa nature décentralisée la distingue des monnaies conventionnelles et crée une myriade d'opportunités. Il est protégé par une cryptographie de pointe et piloté par la technologie blockchain.

Dans cet ebook, nous commencerons notre voyage en approfondissant les idées sous-jacentes du Bitcoin. Nous examinerons son histoire, comprendrons en quoi elle diffère de la monnaie traditionnelle et explorerons le rôle que jouent la blockchain, la décentralisation et la cryptographie dans l'ensemble de l'écosystème Bitcoin.

Avec un cadre solide en place, nous vous guiderons à travers les applications pratiques de Bitcoin. Vous découvrirez comment créer un portefeuille Bitcoin, sélectionner un échange fiable et acheter vos premiers Bitcoins en toute sécurité. Pour vous aider à effectuer des transactions en ligne à l'aise, nous démystifions le processus d'envoi et de réception de paiements Bitcoin.

Sans parler du processus fascinant de minage de Bitcoin et de son lien avec la blockchain, aucune enquête sur Bitcoin ne serait complète. Nous explorerons le fonctionnement interne du minage, parlerons du matériel et des logiciels pertinents et mettrons en lumière la fonction critique de la blockchain dans la protection des transactions Bitcoin.

Le traitement des cryptomonnaies doit être effectué avec le plus grand soin en termes de sécurité et de confidentialité. Nous vous fournirons des conseils cruciaux sur la façon de protéger vos investissements Bitcoin, d'éviter la fraude et le piratage et de trouver un équilibre entre confidentialité et transparence au sein du réseau Bitcoin. Nous approfondirons le monde du trading et de l'investissement Bitcoin au fur et à mesure. Vous découvrirez la volatilité du prix du Bitcoin, les différentes méthodes de trading et les idées d'investissement à long terme. Nous vous donnerons les ressources dont vous avez besoin pour gérer judicieusement les risques et éviter les erreurs typiques sur le marché des crypto-monnaies en constante évolution.

De plus, nous discuterons des implications réglementaires et juridiques de Bitcoin. Nous examinerons les nombreux environnements réglementaires internationaux auxquels Bitcoin est soumis, soulignerons les implications fiscales des transactions Bitcoin et approfondirons les problèmes juridiques et les controverses auxquels Bitcoin a été confronté. Nous examinerons également les perspectives de réglementation future du Bitcoin et ses implications potentielles pour le système financier dans son ensemble.

Enfin, nous discuterons des crypto-monnaies alternatives et examinerons leurs qualités et possibilités particulières. Nous irons au-delà du Bitcoin et examinerons les utilisations plus larges de la technologie blockchain tout en parlant du présent et de l'avenir potentiel de l'industrie des crypto-monnaies. Enfin, nous présenterons des prévisions et des scénarios pour l'avenir du Bitcoin et sa capacité à modifier fondamentalement le secteur financier.

En commençant sur ce chemin de débutant à expert en cryptographie, vous acquerrez les informations et la confiance en soi nécessaires pour naviguer facilement dans le paysage Bitcoin. Alors, plongeons-nous, apprenons-en davantage sur Bitcoin et découvrons les opportunités qui s'offrent à vous dans ce nouveau domaine numérique passionnant.

Chapitre I : Comprendre les bases du Bitcoin

Qu'est-ce que le Bitcoin ?

Bitcoin s'est imposé comme une force importante et révolutionnaire dans les domaines de la finance et de la technologie à l'ère moderne de la technologie numérique. Le Bitcoin est un type de monnaie numérique décentralisée, qui fonctionne indépendamment des institutions bancaires traditionnelles. Il a été mis en circulation pour la première fois en 2009, sous le pseudonyme de Satoshi Nakamoto, par une personne ou un groupe non identifié. Bitcoin a fondamentalement modifié notre façon de penser et de nous comporter par rapport aux systèmes monétaires grâce à sa mise en œuvre pionnière de la technologie blockchain et des concepts cryptographiques. Dans cette section, nous étudierons les composants fondamentaux du Bitcoin, notamment son concept, la technologie sur laquelle il est basé et les propriétés importantes qu'il possède.

Une monnaie numérique peer-to-peer appelée Bitcoin permet d'effectuer des transactions sur Internet de manière à la fois sécurisée et décentralisée. Le Bitcoin n'est régi par aucune autorité centrale telle que des gouvernements ou des institutions financières, contrairement à la monnaie fiduciaire traditionnelle comme l'euro et le dollar américain. Au lieu de cela, il fonctionne sur un réseau décentralisé d'ordinateurs appelé blockchain. Ce réseau est chargé de vérifier et d'enregistrer les transactions.

La technologie Blockchain, un concept révolutionnaire qui protège la transparence, la sécurité et l'immuabilité des transactions, est au cœur du Bitcoin. La blockchain est une base de données distribuée qui crée une chaîne de blocs en stockant toutes les transactions Bitcoin dans l'ordre dans lequel elles se sont produites. Chaque bloc contient un ensemble de transactions, et une fois qu'un bloc a été inclus dans la chaîne, il est considéré comme permanent et inviolable. En raison de la nature décentralisée de la blockchain, il est impossible pour une seule entité d'exercer un contrôle ou d'apporter des modifications à l'historique des transactions. Des copies du grand livre sont stockées sur divers ordinateurs répartis sur le réseau.

Le Bitcoin étant une monnaie numérique décentralisée, il n'est plus nécessaire que des intermédiaires tels que les banques traitent les transactions. Au lieu de cela, les transactions sont effectuées directement entre les participants, éliminant ainsi le besoin d'un intermédiaire tout en réduisant simultanément les coûts et les délais liés au processus. Puisqu'il n'y a pas de point de défaillance central, la sécurité et la résilience du réseau ont été considérablement améliorées grâce à la décentralisation.

Le Bitcoin, contrairement aux monnaies traditionnelles, qui peuvent être produites ou créées à volonté, à une offre limitée et ne peut pas être créé plus qu'il n'existe déjà. La quantité totale de Bitcoins qui existera un jour a été fixée à 21 millions, ce qui garantit que la crypto-monnaie sera toujours rare et pourrait potentiellement conserver sa valeur au fil du temps. Cet approvisionnement contrôlé est réalisé grâce à un processus appelé minage, dans lequel les gens se font concurrence pour résoudre des énigmes mathématiques difficiles en échange de Bitcoins fraîchement produits.

La blockchain elle-même est ouverte à l'inspection publique, contrairement à la nature pseudonyme des transactions Bitcoin. Cela signifie que les individus ne sont connus que par les adresses Bitcoin qu'ils utilisent plutôt que par toute autre information personnelle identifiable. Il est possible pour quiconque d'observer l'historique des transactions ainsi que les adresses qui y sont liées, offrant un niveau de transparence inégalé par les systèmes financiers traditionnels. Il est important de garder à l'esprit, en revanche, que le niveau d'anonymat peut être compromis si l'identité du titulaire d'une adresse Bitcoin est découverte par une autre méthode.

L'intégrité et la validité de chaque transaction sont protégées par des méthodes cryptographiques utilisées pour sécuriser les transactions Bitcoin. Une fois qu'une transaction a été validée et téléchargée sur la blockchain, il est extrêmement difficile d'annuler ou d'annuler la transaction de quelque manière que ce soit. La structure décentralisée de la blockchain, combinée à des méthodes de cryptage sophistiquées, offre un haut niveau de sécurité et protège contre la falsification et la fraude.

Bitcoin possède également un large éventail d'autres applications, autres que le fonctionnement comme monnaie numérique. Il a ouvert la porte à une grande variété d'applications et de cas d'utilisation, notamment les suivants :

Les particuliers peuvent contourner le système bancaire traditionnel et transférer et recevoir des fonds directement grâce à l'utilisation de Bitcoin. Cela a des implications particulièrement importantes pour les transactions internationales qui, par rapport aux techniques conventionnelles, peuvent être réalisées dans un délai plus court et pour un coût total inférieur.

Certains considèrent le Bitcoin comme une réserve de valeur numérique, analogue à l'or numérique. Les personnes qui recherchent une alternative aux actifs traditionnels et une potentielle couverture contre l'inflation peuvent trouver Bitcoin comme une option attrayante en raison du fait que son offre est limitée et décentralisée.
Le prix du Bitcoin est notoirement imprévisible, ce qui le rend attrayant pour les investisseurs et les traders qui souhaitent profiter des fluctuations des prix de la crypto-monnaie. Les échanges de crypto-monnaies comme Bitcoin permettent aux particuliers de s'engager sur le marché des crypto-monnaies en facilitant l'achat et la vente de Bitcoin.

Bitcoin a la capacité de fournir des services financiers aux populations non bancarisées et sous-bancarisées, en particulier dans les pays en développement. Cela est particulièrement vrai dans les pays où l'infrastructure bancaire traditionnelle fait défaut. Il permet à ceux qui n'ont pas accès aux services bancaires conventionnels d'envoyer et de recevoir de l'argent de manière sûre et rentable.

La façon dont nous pensons et gérons l'argent subit une transition fondamentale à la suite de l'introduction du Bitcoin. En raison de son caractère décentralisé, rendu possible par la technologie blockchain et les concepts cryptographiques sous-jacents, il s'agit d'une monnaie numérique sécurisée, transparente et sans frontières. Alors que nous continuons d'observer le développement et l'adoption continue du Bitcoin, nous pouvons nous attendre à ce que son impact sur le secteur financier et la société dans son ensemble soit révolutionnaire. Bitcoin a incontestablement changé notre façon de concevoir les systèmes monétaires et les opportunités disponibles dans la sphère numérique, qu'il devienne ou non une monnaie dominante ou qu'il serve de base à des avancées technologiques supplémentaires.

Bref historique du Bitcoin

Bitcoin, la monnaie numérique révolutionnaire qui a captivé l'imagination des particuliers ainsi que des entreprises dans un large éventail de domaines, a un passé fascinant. Depuis sa naissance en 2009, Bitcoin a parcouru un parcours remarquable, passant d'une notion limitée à un certain marché à un phénomène qui s'étend au monde entier. Dans cette section, nous examinerons les tournants et événements importants qui ont défini l'histoire du Bitcoin, retraçant ses débuts ainsi que ses développements, luttes et victoires remarquables.

En octobre 2008, un document intitulé « Bitcoin : un système de paiement électronique peer-to-peer » a été publié sous forme de livre blanc, marquant le début de l'histoire de Bitcoin. Le créateur, connu sous le pseudonyme de Satoshi Nakamoto, a présenté un projet de monnaie numérique qui ne serait contrôlée par aucune institution. Ce livre blanc présentait la notion de blockchain, la technologie sous-jacente qui transformerait la manière dont les transactions sont effectuées et validées. La blockchain permettrait aux registres décentralisés et distribués d'enregistrer et de vérifier les transactions.

Après la publication du livre blanc, Satoshi Nakamoto a enregistré le domaine bitcoin.org en août 2008 et a publié le code source du logiciel en janvier 2009. Ces deux événements ont suivi la publication du livre blanc. Cela a permis aux passionnés et aux développeurs de crypto-monnaies de commencer à expérimenter et à contribuer au développement de la crypto-monnaie. Le lancement officiel du réseau Bitcoin a eu lieu le 3 janvier 2009, lorsque Satoshi Nakamoto a extrait avec succès le premier bloc, également appelé bloc Genesis de la blockchain Bitcoin.

Au début, il n'y avait qu'une petite communauté de personnes intéressées par le Bitcoin. Les mineurs ont rejoint le réseau et ont contribué à la puissance de calcul pour valider les transactions en échange de Bitcoins nouvellement créés. Les mineurs ont également gagné des Bitcoins pour leurs contributions. En mai 2010, Laszlo Hanyecz est reconnu pour avoir réalisé la toute première transaction utilisant Bitcoin dans le monde réel en payant 10 000 Bitcoins pour deux pizzas.

Un tournant important dans le développement du Bitcoin s'est produit en 2010 lorsque le premier échange de Bitcoin, Mt. Gox a ouvert ses portes aux clients. Les bourses offrent des débouchés pour l'achat et la vente de Bitcoin, ce qui a facilité l'intégration de la crypto-monnaie dans le système financier plus large. Au cours de plusieurs années, le prix du Bitcoin a commencé à présenter une volatilité notable, qui a été suivie par une augmentation de la découverte de nouveaux niveaux de prix.

Le fait que Bitcoin ait été utilisé comme principal moyen de paiement sur la Route de la Soie, un marché en ligne où des drogues et d'autres produits illégaux étaient vendus, a attiré l'attention sur le lien entre la crypto-monnaie et les activités illégales. Le démantèlement ultérieur de Silk Road par les autorités chargées de l'application des lois a montré l'attention portée aux problèmes réglementaires potentiels liés à la cr ypto-monnaie.

Mt. Gox, qui était à un moment donné la plus grande bourse de Bitcoin, a connu une faille de sécurité massive en 2014, qui a entraîné le vol d'environ 850 000 Bitcoins. Cette tragédie a mis en lumière l'importance d'un stockage sûr ainsi que la nécessité cruciale de mesures complètes de cybersécurité au sein de l'écosystème Bitcoin.

À mesure que Bitcoin gagnait en popularité, les gouvernements et les agences de réglementation du monde entier ont pris conscience de la nécessité de cadres juridiques pour répondre à des préoccupations telles que le blanchiment de fonds illicites, les activités frauduleuses et la protection des consommateurs. Des pays comme le Japon, la Suisse et Malte ont été les premiers à adopter une législation favorable aux crypto-monnaies.

Les institutions financières et les entreprises traditionnelles ont également commencé à manifester leur intérêt pour la technologie Bitcoin et blockchain. La validité et l'accessibilité du Bitcoin ont augmenté suite à la décision des grandes entreprises de commencer à l'accepter comme moyen de paiement. Ces sociétés incluent Microsoft, Expedia et PayPal.

En soumettant des propositions d'amélioration du Bitcoin, ou BIP, les membres de la communauté Bitcoin contribuent activement à l'évolution de la crypto-monnaie. Ces propositions préconisent des modifications et des améliorations du protocole, qui entraîneraient l'introduction de nouvelles fonctionnalités telles que le système Segregated Witness (SegWay) et le Lightning Network. Forks, qui a conduit à l'émergence de crypto-monnaies alternatives comme le Bitcoin SV et le Bitcoin Cash, a déclenché des débats et a offert de nouvelles opportunités aux passionnés de Bitcoin.

Bitcoin est largement accepté, comme en témoigne le fait qu'il existe actuellement des millions d'utilisateurs de crypto-monnaies et un nombre croissant de détaillants qui l'acceptent comme mode de paiement. Bitcoin a récemment attiré l'attention des investisseurs institutionnels et des entreprises, qui considèrent la crypto-monnaie comme ayant la capacité de servir à la fois de réserve de valeur et de couverture contre l'inflation.

Les problèmes d'évolutivité ont conduit à la création d'alternatives telles que le réseau Lightning, qui permet de réaliser des transactions hors chaîne plus rapidement et à moindre coût. La réglementation des crypto-monnaies reste un point de discorde pour les gouvernements du monde entier, qui cherchent à trouver un équilibre entre la promotion de l'innovation et la réduction des risques associés.

L'évolution du Bitcoin constitue une puissante illustration du potentiel révolutionnaire de la technologie décentralisée. L'ascension fulgurante du Bitcoin, depuis ses modestes débuts de livre blanc jusqu'à son statut actuel de sensation mondiale, a suscité l'intérêt du monde entier, bouleversé les systèmes financiers conventionnels et captivé les gens du monde entier. À mesure que Bitcoin continue de se développer, il existe une possibilité significative qu'il se développe encore davantage et ait une influence encore plus grande. Cela ouvre un monde de possibilités fascinantes pour l'avenir de la finance et au-delà.

Conceptsclés :blockchain,décentralisationetcryptographie

La blockchain, la décentralisation et la cryptographie sont les trois concepts fondamentaux qui servent de fondements sur lesquels reposent l'innovation et la disruption dans le domaine des crypto-monnaies. La combinaison de ces facteurs aboutit à la formation des éléments fondamentaux qui soutiennent le potentiel de transformation des monnaies numériques telles que Bitcoin. Dans cette section, nous étudierons chaque notion en détail, pour comprendre leur pertinence, les mécanismes qui les sous-tendent et le rôle collectif qu'elles jouent dans l'évolution des structures financières et fiduciaires traditionnelles.

Dans le domaine des crypto-monnaies, la blockchain, qui est une forme de technologie de registre distribué, joue un rôle essentiel en tant que pierre angulaire de la confiance. Il s'agit d'un système qui enregistre les transactions qui est ouvert, sûr et impossible à modifier. Le grand livre distribué, souvent appelé blockchain, est constitué d'une chaîne de blocs dont chacun stocke un ensemble de transactions. Une chaîne est formée à partir des blocs lorsqu'ils sont connectés les uns aux autres à l'aide d'algorithmes de hachage cryptographique. Cette structure garantit que toute falsification d'un bloc précédent rendra invalides les blocs suivants, garantissant ainsi l'intégrité de l'ensemble du grand livre.

Les applications et les avantages de la technologie blockchain sont nombreux. Il supprime l'obligation de recourir à des intermédiaires dans les transactions, facilitant ainsi l'interaction directe des individus les uns avec les autres. De plus, son ouverture, sa sécurité et son immuabilité le rendent approprié pour une utilisation dans divers secteurs, notamment l'administration des chaînes d'approvisionnement, le secteur bancaire, les systèmes de vote et les droits de propriété intellectuelle.

Un réseau ou une communauté est dit décentralisé lorsque le pouvoir, l'autorité décisionnelle et le contrôle sont dispersés dans l'ensemble de ce réseau ou de cette communauté. Les individus disposent de plus de pouvoir et leur dépendance à l'égard des intermédiaires diminue, en raison de la décentralisation, qui implique l'élimination des points de contrôle centraux et le recours à un réseau peer-to-peer (P2P). Les participants se connectent directement les uns aux autres dans cette conception, ce qui contribue à construire un système plus égalitaire et inclusif.

La décentralisation présente plusieurs avantages. Il améliore la sécurité en supprimant les points de vulnérabilité centralisés qui pourraient être attaqués. Il encourage la vie privée, l'opposition à la censure et la résilience face aux revers. En outre, la décentralisation encourage l'innovation, qui à son tour donne du pouvoir aux individus vivant dans des zones ayant un accès limité aux formes conventionnelles de services financiers, ce qui permet une plus grande inclusion financière.

Dans le domaine du numérique, la cryptographie est le composant essentiel qui soutient la sécurité. Des méthodes de cryptage sont utilisées afin de garantir la confidentialité des informations et des communications. Le texte brut est transformé en texte chiffré lors du processus de cryptage, le rendant illisible en l'absence de la clé de déchiffrement correcte. Une paire de clés, une publique et une privée, est utilisée dans la cryptographie à clé publique. La clé publique est celle qui est utilisée pour le cryptage, tandis que la clé privée est celle qui est gardée secrète et utilisée pour le déchiffrement.

Une preuve d'authenticité et d'intégrité peut être obtenue grâce à l'utilisation de signatures numériques, un élément essentiel de la cryptographie. Ils s'assurent que les messages ne peuvent être altérés ou fabriqués de quelque manière que ce soit. L'utilisation de la cryptographie est essentielle au processus de sauvegarde des réseaux blockchain, ce qu'elle fait en préservant le secret et l'intégrité des transactions et en jetant les bases d'interactions peer-to-peer sécurisées.

La blockchain, la décentralisation et le cryptage fonctionnent tous ensemble en harmonie pour permettre aux transactions numériques d'être fiables, transparentes et sécurisées. La blockchain utilise le cryptage pour garantir la sécurité des transactions, tandis que la décentralisation garantit que le pouvoir est réparti uniformément sur le réseau, ce qui donne lieu à un système plus robuste et inclusif.

Ces idées, lorsqu'elles sont combinées, rendent les structures traditionnelles instables. Ils redéfinissent la confiance, la confidentialité et la propriété des données personnelles et offrent de nouvelles possibilités en matière de finance, de gouvernance, de gestion de la chaîne d'approvisionnement et d'autres domaines. Les individus et les communautés ont la possibilité de traiter directement les uns avec les autres sans avoir recours à des intermédiaires.

D'un autre côté, il y a des obstacles sur le chemin de la réalisation complète. Un développement continu et une étude minutieuse sont nécessaires pour résoudre les problèmes liés à l'évolutivité, à la consommation d'énergie, aux cadres réglementaires et à l'adoption par les utilisateurs. Trouver des solutions à ces problèmes sera absolument nécessaire afin de libérer tout le potentiel de la technologie blockchain, de la décentralisation et de la cryptographie.

Le potentiel révolutionnaire des monnaies numériques repose sur trois piliers : la blockchain, la décentralisation et la cryptographie. Chacun de ces piliers joue un rôle important. Dans un monde de plus en plus interconnecté, ils redéfinissent ce que signifie se faire confiance les uns les autres, encouragent les relations entre pairs et améliorent à la fois la sécurité et la confidentialité. L'influence de ces idées à mesure qu'elles continuent de se développer et de trouver des applications plus larges transformera les anciens systèmes financiers et gouvernementaux, ouvrant ainsi la voie à une nouvelle ère caractérisée par la transparence, l'autonomisation et l'innovation. Lorsque ces idées seront adoptées et développées davantage, il sera possible de se rapprocher d'un avenir fondé sur la confiance, la décentralisation et les interactions numériques sécurisées.

En quoi Bitcoin diffère des monnaies traditionnelles

Bitcoin, monnaie numérique décentralisée, est récemment apparu comme une force capable de transformer le paysage monétaire existant, contrôlé par les monnaies fiduciaires. Ses qualités uniques et la technologie sur laquelle il repose sont ce qui l'a propulsé à l'avant-garde de l'innovation dans le secteur financier. Dans cette section, nous étudierons les principales distinctions qui existent entre Bitcoin et les monnaies conventionnelles en analysant leurs structures respectives, leurs caractéristiques transactionnelles, leurs cadres réglementaires et leurs implications potentielles pour le système monétaire à l'avenir.

Les transactions en Bitcoin sont validées et enregistrées via un réseau distribué appelé blockchain. Ce réseau est décentralisé et fonctionne sur le protocole Bitcoin. En raison de cette décentralisation, il n'est plus nécessaire de recourir à des intermédiaires tels que les banques ou l'autorité centrale. Au lieu de cela, il existe un système peer-to-peer, qui donne plus de pouvoir aux individus et réduit la dépendance à l'égard des institutions centralisées.

Les banques centrales et les gouvernements sont responsables de l'émission et de la réglementation des monnaies traditionnelles, également appelées monnaies fiduciaires. Ils peuvent prendre la forme d'objets physiques tels que des billets et des pièces de monnaie, en plus de prendre une forme électronique dans le cadre du système bancaire. Les monnaies fiduciaires reposent sur un cadre centralisé dans lequel les banques centrales régulent la masse monétaire, établissent les taux d'intérêt et exécutent les politiques monétaires. Les monnaies fiduciaires sont également connues sous le nom de monnaies papier.

Un algorithme mathématique garantit que la quantité totale de Bitcoins en circulation sur l'ensemble du réseau ne dépassera pas 21 millions à un moment donné. En raison de l'offre fixe de Bitcoin, il s'agit d'une monnaie déflationniste car le rythme auquel de nouvelles pièces sont créées diminue avec le temps. Les monnaies traditionnelles, en revanche, n'ont pas de limites définies et peuvent être émises ou détruites par les banques centrales. Cela offre une flexibilité en termes de gestion de l'inflation et de maintien de la stabilité économique.

Les transactions en Bitcoin sont enregistrées publiquement sur un grand livre distribué appelé blockchain, qui assure à la fois responsabilité et transparence. Les adresses cryptographiques, en revanche, garantissent que l'identité des personnes participant aux transactions reste secrètement dissimulée sous un pseudonyme. Les transactions en devises traditionnelles, en revanche, dépendent de systèmes bancaires centralisés et sont donc soumises à des règles telles que les lois sur la connaissance du client et la lutte contre le blanchiment d'argent. Cependant, afin de lutter contre les activités illégales et de protéger la vie privée des individus, ces réglementations donnent également aux institutions financières accès aux informations concernant les transactions des clients.

La structure décentralisée de Bitcoin permet d'effectuer des transactions au-delà des frontières nationales, supprimant ainsi le recours à des intermédiaires. En contournant à la fois les banques et les fournisseurs de devises étrangères, les transferts internationaux de Bitcoin peuvent potentiellement être effectués à moindre coût et dans un délai plus court que les moyens plus conventionnels. Les transactions en devises traditionnelles, en revanche, incluent généralement des institutions intermédiaires, des bureaux de change et des procédures de règlement longues. Ces transactions traditionnelles sont également soumises aux taxes, aux taux de change et aux contraintes réglementaires.

Le prix du Bitcoin est réputé pour être extrêmement volatil, avec d'énormes fluctuations se produisant sur des périodes relativement courtes. Cette volatilité peut être attribuée à diverses variables, notamment la spéculation sur le marché, les progrès des cadres réglementaires et la taille relative du marché du Bitcoin. D'un autre côté, les monnaies traditionnelles sont souvent perçues comme plus stables en raison de l'infrastructure robuste et de la liquidité offerte par les systèmes financiers établis. C'est le cas parce que les systèmes financiers traditionnels existent depuis plus longtemps. La politique monétaire et les interventions directes sur le marché sont deux des outils dont disposent les banques centrales pour tenter de maintenir des valeurs monétaires stables.

Parce qu'il fonctionne en dehors des cadres réglementaires traditionnels, Bitcoin a incité les gouvernements et les organismes de réglementation du monde entier à réfléchir à de nouvelles préoccupations et à relever de nouveaux défis. Il existe un large éventail de mesures réglementaires possibles, depuis l'interdiction complète jusqu'à la formulation de réglementations propres à la monnaie numérique. Les monnaies traditionnelles, en revanche, sont soumises à des systèmes réglementaires complets, supervisés par les banques centrales et d'autres agences de régulation financière.

Le caractère disruptif du Bitcoin a des implications importantes pour le système monétaire du futur. Il a la capacité d'intégrer des communautés auparavant non bancarisées au système financier et de stimuler l'innovation dans des domaines autres que les cas d'utilisation de la monnaie. Les conversations et recherches continues sur les monnaies numériques des banques centrales (également connues sous le nom de CBDC) suggèrent la possibilité d'une convergence entre les avantages des monnaies traditionnelles et ceux des actifs numériques.

L'introduction du Bitcoin a marqué le début d'une nouvelle ère dans l'histoire des monnaies. Le caractère contrôlé et réglementé des monnaies traditionnelles est remis en question par la structure décentralisée, la quantité finie, le fonctionnement transparent et la capacité de transactions sans frontières de la crypto-monnaie. La volatilité du Bitcoin et les difficultés posées par la réglementation persisteront probablement, mais l'acceptation croissante du Bitcoin et les progrès technologiques qu'il a engendrés laissent présager un avenir dans lequel les monnaies traditionnelles et les actifs numériques coexistent, permettant un écosystème financier plus inclusif. efficace et innovant. Le Bitcoin et les autres crypto-monnaies joueront sans aucun doute un rôle important dans la formation de l'avenir de la monnaie à mesure que l'évolution se poursuit, et ce rôle est susceptible de croître avec le temps.

ChapitreII : DémarreravecBitcoin

Configurer un portefeuille Bitcoin

Alors que l'utilisation du Bitcoin et d'autres crypto-monnaies continue de gagner en popularité, un nombre croissant d'utilisateurs recherchent des méthodes pour stocker et administrer en toute sécurité leurs actifs numériques. Créer un portefeuille Bitcoin est une étape importante à franchir avant de plonger tête première dans le monde du Bitcoin. Un portefeuille Bitcoin est un référentiel numérique qui conserve vos clés privées et vous permet d'envoyer, de recevoir et de stocker des Bitcoins. Dans cette section, nous présenterons un guide détaillé sur la façon de configurer un portefeuille Bitcoin. Nous examinerons les nombreux types de portefeuilles, leurs caractéristiques et les considérations de sécurité associées à chaque forme de portefeuille, et fournirons des instructions étape par étape sur la façon de créer un portefeuille et de le maintenir en sécurité.

Les portefeuilles Bitcoin peuvent être soit des applications logicielles, soit des appareils physiques contenant les clés privées d'un utilisateur. Ces clés privées sont nécessaires pour accéder et gérer les avoirs Bitcoin d'un utilisateur. Ils vous donnent la possibilité d'envoyer et de recevoir des Bitcoins, de suivre votre solde et de consulter l'historique de vos transactions. Il existe plusieurs types distincts de portefeuilles Bitcoin, et chacun d'entre eux présente un équilibre unique entre les deux priorités que sont la facilité d'utilisation et la sécurité.

Les portefeuilles de bureau, les portefeuilles mobiles et les portefeuilles Web sont les trois principales catégories dans lesquelles appartiennent les portefeuilles logiciels. Les portefeuilles de bureau sont le type de portefeuille Bitcoin le plus courant.

Les portefeuilles de bureau sont des applications téléchargées et installées sur votre ordinateur personnel ou portable. Ils vous offrent un contrôle complet sur les clés privées associées à votre portefeuille. Exodus, Electrum et Bitcoin Core sont quelques exemples de tels logiciels. Parce que vos clés privées sont conservées localement, ces portefeuilles offrent un niveau de protection exceptionnellement élevé pour votre crypto-monnaie. Cependant, afin de garantir la protection de vos Bitcoins, ceux-ci doivent être mis à jour et sauvegardés régulièrement.

Les portefeuilles mobiles facilitent l'accès à vos Bitcoins lorsque vous êtes en déplacement, car ils sont conçus pour fonctionner sur des appareils portables comme les tablettes et les smartphones. En général, ils sont faciles à utiliser et offrent des niveaux élevés de fonctionnalités de sécurité. Mycelium, Breadwallet et Trust Wallet sont trois exemples bien connus de portefeuilles mobiles populaires. Si la sécurité de votre smartphone est compromise, les portefeuilles mobiles peuvent être plus susceptibles d'être piratés. Pour cette raison, il est essentiel de protéger votre appareil

à
l'aide de codes d'accès et d'une authentification biométrique.

Les portefeuilles Web sont accessibles via les navigateurs Web et les fournisseurs de services tiers sont responsables de leur fourniture. Ils sont avantageux puisque vous pouvez accéder à votre portefeuille depuis n'importe quel appareil disposant d'une connexion Internet. Cela les rend pratiques. En revanche, les portefeuilles Web sont plus susceptibles d'être piratés et leur sécurité est compromise. Coinbase, Blockchain.info et MyEtherWallet sont quelques exemples de tels services. Pour garantir la sécurité de vos clés privées lors de l'utilisation de portefeuilles Web, il est essentiel de sélectionner des fournisseurs de services jouissant d'une solide réputation,

d'activer l'authentification à deux facteurs (2FA) et de faire preuve d'une extrême pr
udence.

Les portefeuilles matériels sont des dispositifs physiques développés expressément dans le but de stocker des clés privées hors ligne. En conséquence, ils offrent une option de stockage Bitcoin extrêmement sûre. Étant donné que les clés privées ne sont jamais transférées hors de l'appareil, elles offrent une protection contre les logiciels malveillants et autres risques Internet. Ledger, Trésor et Keep Key sont trois marques bien connues qui proposent des portefeuilles matériels. Vous devez connecter un portefeuille matériel à votre ordinateur ou à votre appareil mobile avant de pouvoir démarrer une transaction tout en en utilisant un. Les clés privées sont conservées en toute sécurité sur le périphérique matériel afin que l'utilisateur soit protégé de toute attaque pouvant provenir d'Internet.

L'impression de vos clés privées et publiques sur une feuille de papier physique est nécessaire pour pouvoir utiliser un portefeuille papier. En utilisant cette méthode, vos clés resteront hors ligne, ce qui offrira une protection accrue contre les pirates informatiques et autres risques Internet. Un portefeuille papier peut être créé à l'aide de sites Web ou de logiciels développés spécifiquement dans le but de créer des portefeuilles papier. Cependant, il faut veiller à ce que le portefeuille papier soit conservé dans un endroit sûr et à l'abri des dommages à tout moment. Les portefeuilles papier sont le plus souvent utilisés pour le stockage à long terme plutôt que pour des transactions financières fréquentes.

Les procédures suivantes doivent être effectuées afin de créer et de protéger avec succès un portefeuille Bitcoin :

Faites des recherches approfondies sur les différents types de portefeuilles Bitcoin disponibles et sélectionnez celui qui correspond le mieux à vos besoins et préférences personnelles en matière de niveau de sécurité. Il est important de penser à des éléments tels que l'expérience utilisateur, les fonctionnalités de sécurité et les antécédents du fournisseur de portefeuille.

Si vous choisissez un portefeuille logiciel, vous devez télécharger le programme de portefeuille depuis le site officiel du fournisseur de portefeuille. Afin d'éviter de télécharger des logiciels malveillants ou d'être victime d'une escroquerie par phishing, vous devez vous assurer que le fichier que vous téléchargez provient d'une source fiable et vérifie son intégrité après son téléchargement.

La procédure d'initialisation pour chaque portefeuille est différente, mais en général, elle implique la création d'un mot de passe sécurisé et unique et la production d'une phrase de départ de sauvegarde. Parce qu'elle vous permet de restaurer votre portefeuille en cas de corruption ou de perte, la phrase de départ de sauvegarde est un composant essentiel. Protégez-vous en écrivant cette phrase de départ et en la stockant dans un endroit sûr qui n'est pas en ligne.

Vous pouvez améliorer la sécurité de votre portefeuille en activant l'authentification à deux facteurs (également connue sous le nom de 2FA) si c'est une option, en mettant régulièrement à jour le logiciel du portefeuille et en vous assurant que le système d'exploitation et le logiciel antivirus de votre appareil sont toujours opérationnels. à ce jour. De plus, vous devriez penser à chiffrer votre portefeuille avec un mot de passe fort et à utiliser toutes les fonctionnalités de sécurité offertes par le programme qui gère votre portefeuille.

Il est absolument nécessaire de faire des sauvegardes fréquentes de votre portefeuille et de les stocker dans un endroit sûr. Il est essentiel que cette sauvegarde contient à la fois le logiciel du portefeuille et la phrase de départ de sauvegarde. Étudiez vos alternatives pour les sauvegardes hors ligne et basées sur le cloud afin de garantir la redondance et la protection contre la perte de données. De plus, vous devriez vous entraîner à restaurer votre portefeuille à partir de la sauvegarde pour vérifier que le processus est ancré dans votre mémoire et fonctionne correctement.

Lors de la création d'un portefeuille Bitcoin, différents aspects de sécurité doivent être pris en compte :
L'information la plus vulnérable contenue dans votre portefeuille Bitcoin est votre clé privée. Gardez-les toujours en sécurité et vous ne devez en aucun cas les révéler à qui que ce soit. Pour plus de tranquillité d'esprit, vous pouvez envisager de les cacher dans un portefeuille hors ligne ou sur un portefeuille matériel.

Lorsque vous communiquez avec des sites Internet liés aux portefeuilles Bitcoin, procédez avec une extrême prudence. Méfiez-vous des attaques de phishing, dans lesquelles des individus malhonnêtes prétendent être des fournisseurs de portefeuille légitimes afin d'obtenir des informations de clé privée. Utilisez un programme antivirus fiable et tenu à jour pour protéger votre ordinateur contre les logiciels potentiellement dangereux.

Restez informé de toutes les mises à jour ou correctifs de sécurité mis à disposition par le fournisseur de portefeuille. Garder à jour le logiciel de votre portefeuille peut contribuer à fournir une protection contre les vulnérabilités de sécurité potentielles.

Lorsque vous rejoignez le monde des crypto-monnaies, l'une des étapes les plus importantes à franchir est de créer un portefeuille Bitcoin. Les individus sont en mesure de porter des jugements éclairés concernant l'option de portefeuille la plus appropriée à leurs besoins en prenant d'abord conscience des nombreux types de portefeuilles, ainsi que des fonctionnalités et des considérations de sécurité associées à chaque type. Garder les clés privées en sécurité et respecter les normes de l'industrie est de la plus haute importance, que l'on choisisse un portefeuille logiciel en raison de sa commodité, un portefeuille matériel en raison de sa sécurité accrue ou un portefeuille papier en raison de ses capacités de stockage hors ligne. Garder la sécurité et l'honnêteté de votre portefeuille Bitcoin sous contrôle pendant l'évolution continue de l'écosystème Bitcoin est le meilleur moyen de garantir une expérience Bitcoin à la fois enrichissante et sans risque.

Choisir un échange Bitcoin réputé

Les échanges Bitcoin deviennent des destinations de plus en plus attrayantes pour les personnes souhaitant entrer dans le domaine des actifs numériques en raison de la popularité croissante du Bitcoin et d'autres crypto-monnaies. Ces plateformes agissent comme intermédiaires, facilitant les transactions, notamment l'achat, la vente et l'échange de crypto-monnaies. Cependant, étant donné le grand nombre de bourses parmi lesquelles choisir, il est absolument nécessaire d'en choisir une qui jouit d'une bonne réputation et sur laquelle on peut compter afin de protéger votre argent et d'avoir une expérience de trading qui se déroule sans aucun problème. Dans cette section, nous aborderons les différents aspects à prendre en compte lors du choix d'un échange Bitcoin. Certains de ces aspects incluent les précautions de sécurité, la conformité réglementaire, l'expérience utilisateur, le service client et la liquidité.

Un échange Bitcoin digne de confiance accord une grande priorité à la mise en œuvre de mesures de sécurité strictes pour protéger les fonds des clients. Cela implique de respecter les exigences de conformité réglementaire, d'adopter l'authentification à deux facteurs (2FA), d'utiliser le stockage frigorifique pour la préservation des actifs hors ligne et de fournir une couverture d'assurance contre toute perte causée par des failles de sécurité.

La transparence et le respect des normes juridiques peuvent être garantis en sélectionnant un échange Bitcoin conforme aux règles applicables et possédant la licence appropriée. Si vous souhaitez améliorer la sécurité et l'honnêteté de vos activités de trading, vous devez rechercher des bourses enregistrées auprès des agences de réglementation des juridictions dans lesquelles elles opèrent.

L'expérience globale de trading est améliorée grâce à une interface utilisateur facile à naviguer. Recherchez des bourses dotées d'interfaces conviviales qui facilitent la navigation et l'exécution des transactions. Vous devriez réfléchir aux nombreux choix de trading accessibles, tels que le trading au comptant, le trading sur marge, les contrats à terme et le trading décentralisé, afin de choisir une bourse compatible avec vos préférences et objectifs de trading.

Il est absolument essentiel de disposer d'une assistance client à la fois efficace et rapide afin de répondre à tous les problèmes, questions ou problèmes techniques qui pourraient survenir. Choisissez un marché qui propose diverses méthodes

d'assistance,
telles que le courrier électronique, le chat en direct ou le téléphone, et effectuez des recherches pour savoir combien de temps il faut souvent au marché pour répondre. Considérez la réputation du marché et examinez les évaluations laissées par les clients précédents pour avoir une idée du type de service client qu'il propose.

Vous devriez vérifier si la plateforme d'échange prend en charge la monnaie fiduciaire que vous souhaitez utiliser pour les dépôts et les retraits avant de vous inscrire. Évaluez la disponibilité de méthodes de paiement à la fois pratiques et sécurisées, telles que les virements bancaires, les cartes de crédit/débit ou d'autres processeurs de paiement, afin de garantir que le processus d'échange de monnaie fiduciaire contre des crypto-monnaies se déroule sans aucune difficulté.

Il est essentiel, afin de confirmer la fiabilité de la bourse, de mener des recherches sur sa réputation et ses antécédents. Pour déterminer la légitimité de l'échange, il est utile d'examiner les commentaires des utilisateurs, les actualités et les évaluations proposées par des sources fiables. Pensez à la durée d'activité de la bourse, car il est normalement
plus rassurant de traiter avec une plateforme établie qui existe depuis un certain temps.

Il est absolument nécessaire de faire appel à une bourse Bitcoin jouissant d'une solide réputation afin de garantir la sécurité de vos transactions et l'efficacité de vos activités de trading. Vous serez en mesure de prendre une décision éclairée si vous prenez en compte des aspects de l'échange de crypto-monnaie tels que sa réputation et ses antécédents, ainsi que ses mesures de sécurité, sa conformité réglementaire, son expérience utilisateur, son support client, sa liquidité et sa prise en charge des monnaies fiduciaires. Menez des recherches exhaustives et faites preuve de diligence raisonnable afin de sélectionner une plateforme de trading compatible avec vos objectifs de trading, offrant un environnement de trading sûr et protégeant vos fonds. Si vous choisissez la bonne bourse, vous pourrez naviguer en toute confiance dans le monde des crypto-monnaies, sachant que vos actifs numériques seront protégés et que le processus de négociation se déroulera sans accroc.

Sécuriser vos avoirs Bitcoin

Il est absolument nécessaire que les détenteurs de Bitcoin accordent une grande priorité à la protection de leurs actifs numériques, étant donné que la valeur et la popularité du Bitcoin continuent d'augmenter. Étant donné que Bitcoin est une monnaie numérique décentralisée, des précautions particulières doivent être prises afin de le protéger contre de nombreuses menaces possibles, notamment le vol, le piratage et la perte. Dans cette section, nous aborderons diverses approches et bonnes pratiques pour préserver vos avoirs en Bitcoin. Nous aborderons une variété de sujets, dont certains sont les suivants : la sécurité du portefeuille ; choix de sauvegarde et de récupération ; méthodes de stockage hors ligne ; portefeuilles multi signatures ; une vigilance constante ; et la nécessité de mesures de sécurité complètes.

Parce qu'il s'agit d'une monnaie numérique, Bitcoin s'appuie sur des clés cryptographiques plutôt que sur des actifs physiques, ce qui présente toute une série de difficultés en termes de maintien de sa sécurité. Les utilisateurs sont tenus de mettre en œuvre des mesures de sécurité préventives en raison de la caractéristique immuable des transactions Bitcoin ainsi que de la possibilité de perte ou de vol de leurs fonds. En tant que détenteur de Bitcoin, vous êtes l'unique propriétaire de vos actifs numériques et le dépositaire de ces actifs. Pour cette raison, il est de votre obligation de garder vos Bitcoins en sécurité.

Trouver un portefeuille Bitcoin digne de confiance est essentiel si vous souhaitez protéger vos biens. Les portefeuilles papier, les portefeuilles matériels et les portefeuilles logiciels offrent tous différents degrés de commodité et de sécurité pour le stockage de la monnaie numérique. Garder le logiciel de votre portefeuille à jour, activer l'authentification à deux facteurs (2FA), et utiliser des mots de passe et un cryptage forts sont autant de pratiques de sécurité clés.

Il est absolument nécessaire de créer régulièrement des sauvegardes de votre portefeuille Bitcoin afin de vous protéger contre la perte de données. Il est essentiel que les sauvegardes contiennent non seulement le logiciel du portefeuille mais également les clés privées associées à chacune de vos adresses Bitcoin. La redondance et la protection contre la perte, le vol ou la destruction de données peuvent être obtenues grâce à l'utilisation de diverses stratégies de sauvegarde, telles que le stockage hors ligne, les périphériques matériels, les solutions basées sur le cloud et plusieurs copies physiques. Familiarisez-vous avec le processus de récupération des données, puis testez-le à l'aide de vos sauvegardes pour vous assurer qu'il est à la fois accessible et fonctionnel.

Un degré de protection supplémentaire peut être accordé à vos actifs Bitcoin en utilisant un « portefeuille froid » pour stocker un pourcentage important de ces avoirs hors ligne. Les méthodes de stockage hors ligne qui deviennent de plus en plus populaires incluent les portefeuilles matériels et les portefeuilles papier. En stockant les clés privées hors ligne sur un appareil physique, les portefeuilles matériels réduisent la probabilité d'être ciblés par les cybercriminels. Pour utiliser un portefeuille papier, vous devez d'abord imprimer vos clés privées et vos adresses Bitcoin sur papier, puis stocker le portefeuille papier hors ligne. Le risque de perdre tous ses avoirs en raison de la défaillance d'un seul portefeuille ou d'un mécanisme de stockage peut être encore réduit en divisant et en diversifiant ces avoirs sur de nombreux portefeuilles et méthodes de stockage.

Les portefeuilles prenant en charge plusieurs signatures, souvent appelés multisig, offrent une couche de protection supplémentaire en nécessitant l'utilisation de plusieurs signatures pour valider les transactions. Lorsque de nombreuses clés privées sont impliquées, il est beaucoup plus difficile pour des attaquants potentiels d'accéder illégalement au système. Ces portefeuilles sont particulièrement utiles pour les gros avoirs en Bitcoin ou les comptes conjoints, car ils offrent une plus grande sécurité et une plus grande protection contre les points de défaillance uniques.

Les pratiques de sécurité continues importantes incluent la réalisation d'audits de sécurité réguliers, la mise à jour cohérente du logiciel de portefeuille, le fait d'éviter d'accéder aux portefeuilles lorsque vous utilisez les réseaux Wi-Fi publics et la prudence face aux tentatives de phishing et aux techniques d'ingénierie sociale. Se protéger contre les dangers et les vulnérabilités potentiels nécessite de se tenir au courant des dangers nouvellement découverts et d'ajuster ses protocoles de sécurité pour tenir compte de ces changements.

Il est absolument nécessaire d'empêcher le vol, le piratage ou la perte de vos actifs Bitcoin en prenant les précautions nécessaires. Vous pouvez réduire considérablement le risque de failles de sécurité en mettant en œuvre des procédures strictes de sécurité du portefeuille, en sauvegardant fréquemment votre portefeuille, en utilisant des méthodes de stockage hors ligne, en enquêtant sur les portefeuilles multi signatures, en pratiquant une vigilance continue et en vous informant sur les pratiques de sécurité les plus récentes. Gardez à l'esprit que le maintien de la sécurité est un effort continu qui nécessite de l'agilité ainsi que la sensibilisation aux dangers nouvellement apparus. Vous aurez la possibilité de parcourir avec succès le monde du Bitcoin, de protéger vos actifs et de profiter des avantages de la richesse numérique de manière sécurisée si vous disposez des mesures de sécurité appropriées.

Acheter votre premier Bitcoin

Les personnes du monde entier souhaitant entrer dans le domaine des crypto-monnaies sont de plus en plus curieuses à propos du Bitcoin, car sa popularité et sa valeur ont augmenté. Cependant, le processus d'achat de Bitcoin et la navigation sur un terrain complexe peuvent être intimidants pour ceux qui débutent. Dans cette section, nous présenterons un guide détaillé sur la façon d'acheter votre premier Bitcoin. Ce guide couvrira les idées fondamentales, la sélection d'un échange ou d'une plateforme de confiance, expliquera les options de portefeuille, assurera la sécurité et fournira des instructions détaillées pour vous aider à effectuer votre premier achat de Bitcoin.

La blockchain est le nom de la technologie sous-jacente qui alimente la monnaie numérique décentralisée connue sous le nom de Bitcoin. Il permet des transactions entre particuliers directement, sans avoir recours à des intermédiaires tels que des banques. En offrant une alternative décentralisée aux systèmes bancaires conventionnels en place, Bitcoin a le potentiel de provoquer une énorme perturbation dans le système financier mondial. Il est important que vous vous informiez sur les idées fondamentales concernant Bitcoin avant de commencer votre aventure avec la crypto-monnaie. Ces idées fondamentales incluent la technologie blockchain, l'exploitation minière, les portefeuilles, les clés privées et publiques et la fonction que jouent les échanges pour rendre possibles les transactions Bitcoin.

Pour acheter du Bitcoin, vous devrez sélectionner un échange ou une plateforme Bitcoin jouissant d'une bonne réputation et digne de confiance. Mener une étude exhaustive et faire preuve de la diligence requise afin d'examiner les différentes possibilités accessibles. Pensez à des éléments tels que les précautions de sécurité, l'expérience utilisateur, les coûts, les pays pris en charge, le support client et les réglementations de conformité. Choisissez des échanges de crypto-monnaies qui accordent une grande priorité à la sécurité de leurs utilisateurs et qui disposent de procédures strictes pour prévenir le vol et le piratage.

Vos clés privées, nécessaires pour accéder et gérer vos Bitcoins, sont stockées dans un portefeuille Bitcoin, qui est un emplacement de stockage numérique. Comprenez les différents types de portefeuilles Bitcoin qui sont désormais accessibles, notamment les portefeuilles logiciels de bureau, mobiles et Web, les portefeuilles matériels, les portefeuilles papier et les portefeuilles multi signatures. Il existe différents niveaux de commodité, d'accessibilité et de sécurité inclus avec chaque modèle. Sélectionnez un portefeuille qui répond à vos besoins et à vos goûts en prêtant attention à des aspects tels que sa convivialité, ses fonctionnalités de sécurité et la disponibilité des sauvegardes.

Lorsqu'il s'agit de gérer Bitcoin et de protéger votre richesse numérique, le maintien d'un haut niveau de sécurité est de la plus haute importance. Pour renforcer davantage votre sécurité, assurez-vous d'adopter les procédures recommandées suivantes :

Accédez toujours à votre compte d'échange Bitcoin ou effectuez des transactions en utilisant une connexion Internet sécurisée pour réduire le risque d'interception de vos données ou de piratage de votre compte.

Chaque fois que cela est possible, activez la fonction d'authentification à deux facteurs (2FA) sur votre compte Exchange et votre portefeuille. En plus de votre mot de passe,
une deuxième forme de vérification, comme un code unique produit sur votre smartphone, est requise pour accéder aux comptes protégés par une authentification à deux facteurs (2FA).

Conservez des sauvegardes régulières de votre portefeuille et enregistrez la phrase ou la graine de sauvegarde dans un emplacement sécurisé en dehors de votre portefeuille.

Cela garantit que vous serez toujours en mesure de restaurer votre portefeuille en cas de perte, de vol ou en cas de dysfonctionnement du matériel qu'il utilise. Assurez-vous d'évaluer la fonctionnalité de la procédure de récupération une fois que vous avez terminé les étapes décrites dans les instructions de sauvegarde fournies par votre fournisseur de portefeuille.

Mettez en œuvre des précautions de sécurité supplémentaires, telles que l'utilisation de mots de passe forts et uniques, en vous assurant que le logiciel de votre portefeuille est toujours à jour, en activant le cryptage s'il est disponible et en vous méfiant des tentatives de phishing et des connexions étranges.

Lorsque vous êtes prêt à effectuer votre premier achat de Bitcoin, vous devez vous assurer que vous avez sélectionné un échange digne de confiance, créé un portefeuille sécurisé et effectué toutes les autres procédures de sécurité nécessaires. Procédez de la manière suivante :

Vous pouvez approvisionner votre compte d'échange avec l'une des options de paiement disponibles, telles qu'un virement bancaire, une carte de crédit ou de débit ou le transfert d'une autre crypto-monnaie. Lors du dépôt de fonds, assurez-vous de suivre les directives fournies par la bourse.

Vous devrez vous rendre dans la partie trading de la plateforme où vous échangez des devises, puis sélectionner l'option permettant d'acheter du Bitcoin. Avant de vous engager dans l'achat, assurez-vous de saisir la quantité souhaitée et d'examiner les spécificités de la commande. Assurez-vous de prendre note de tous les frais associés à la réalisation de la transaction.

Attendez que la transaction soit terminée et confirmée sur la blockchain une fois votre commande passée et confirmée avec succès. La congestion du réseau et les règles de l'échange choisi ont toutes deux un impact sur le temps nécessaire au processus de confir mation.

Une fois la transaction finalisée, vous devez déplacer le Bitcoin que vous avez acheté sur l'échange vers votre propre portefeuille Bitcoin personnel afin qu'il puisse être stocké en toute sécurité. Pour démarrer le processus de transfert, il est nécessaire de suivre les instructions fournies par le fournisseur de votre portefeuille.

Le monde du Bitcoin et des autres crypto-monnaies est en constante évolution et en changement. L'éducation et la sensibilisation doivent être une priorité absolue si vous souhaitez rester informé et porter des jugements éclairés. Maintenez une connaissance à jour des dernières informations, avancées et meilleures pratiques en consultant des sources fiables. Soyez conscient des dangers liés à l'investissement dans Bitcoin, n'investissez jamais plus d'argent que ce que vous pouvez vous permettre de perdre et réfléchissez à la possibilité de demander l'aide sur mesure d'un conseiller financier professionnel.

L'achat de votre premier Bitcoin peut être une expérience à la fois passionnante et stimulante. Vous pourrez entrer en toute confiance dans le monde des crypto-monnaies une fois que vous aurez pris connaissance des idées importantes, sélectionné un échange ou une plateforme digne de confiance, sélectionné un portefeuille Bitcoin sécurisé, assuré la protection de vos fonds et suivi les instructions étape par étape pour finaliser votre premier achat. Gardez à l'esprit que la sécurité doit être votre priorité absolue, que vous devez toujours être au courant de l'actualité et que vous devez toujours investir de manière responsable. Alors que vous commencez votre aventure avec Bitcoin, il est important que vous reconnaissiez le pouvoir transformationnel de cette technologie et que vous profitiez des avantages de participer à un écosystème financier décentralisé.

Chapitre III : Naviguer dans l'écosystème Bitcoin

Explorer différents types de portefeuilles Bitcoin

Les portefeuilles Bitcoin sont des outils essentiels pour stocker et gérer en toute sécurité vos actifs numériques. Ils peuvent être téléchargés depuis le site Bitcoin. Il est essentiel d'avoir une solide compréhension des différents types de portefeuilles Bitcoin accessibles, en particulier avec l'augmentation continue du niveau de popularité du Bitcoin. Dans cette section, nous aborderons une variété de portefeuilles Bitcoin, tels que les portefeuilles logiciels (ordinateurs de bureau, mobiles et Web), les portefeuilles matériels, les portefeuilles papier et les portefeuilles multi-signatures. Les portefeuilles logiciels peuvent être utilisés sur les ordinateurs de bureau, les appareils mobiles et sur le Web. En ce qui concerne le choix d'un portefeuille Bitcoin, nous allons examiner ses caractéristiques, ses avantages et ses facteurs de sécurité afin de vous guider dans un choix éclairé.

Les portefeuilles logiciels facilitent l'accès et la gestion de vos actifs Bitcoin et sont fortement recommandés. Les portefeuilles de bureau, tels que Bitcoin Core et Électrum, vous offrent un contrôle total sur vos clés privées et créent un environnement sans risque pour effectuer des transactions Bitcoin. En raison de leur portabilité et de leur simplicité de fonctionnement, les portefeuilles mobiles tels que Electrum et Mycélium sont parfaitement adaptés à une utilisation dans le cadre de transactions financières régulières. Les portefeuilles hébergés sur Internet, tels que Coinbase et Blockchain.com, sont accessibles via un navigateur Web, vous donnant la possibilité de gérer vos avoirs Bitcoin à partir de divers appareils. Les portefeuilles Web, en revanche, dépendent des mesures de sécurité prises par le fournisseur du service.

Un appareil tangible appelé portefeuille matériel est conçu pour conserver vos clés privées hors ligne. Ils ajoutent un degré de protection supplémentaire en empêchant les dangers potentiels d'Internet d'entrer en contact avec vos clés. Les portefeuilles matériels, tels que Trezor, Ledger et KeepKey, génèrent et stockent des clés privées dans l'appareil lui-même. Ces clés privées sont utilisées pour accéder au portefeuille. Les transactions sont signées numériquement dans le portefeuille matériel, garantissant que les clés privées ne seront jamais exportées de l'appareil de quelque manière que ce soit. Les détenteurs de Bitcoin qui ont l'intention de conserver leurs fonds pendant une période prolongée utilisent souvent des portefeuilles matériels car ils offrent un niveau de protection optimal sans sacrifier la convivialité.

Les portefeuilles papier offrent une solution de stockage hors ligne pour les avoirs Bitcoin détenus pendant une période prolongée. Ils nécessitent que vous imprimiez vos clés privées et les adresses Bitcoin associées sur un support physique, le plus souvent du papier. Les portefeuilles papier offrent un haut niveau de protection car leurs clés privées sont stockées hors ligne, à l'abri de toute menace éventuelle qu'Internet pourrait représenter. Cependant, en raison de la forme physique des objets, ils risquent d'être endommagés, perdus ou volés. La génération de portefeuilles papier doit avoir lieu sur des plateformes fiables et protégées, car cela protégera l'authenticité des clés créées.

Les transactions Bitcoin ne peuvent être autorisées par les portefeuilles multi signatures que si plusieurs signatures sont fournies. Ils offrent un niveau accru de sécurité et de protection contre le vol en exigeant la participation de nombreuses parties avant qu'une transaction puisse être initiée. Les portefeuilles prenant en charge plusieurs signatures, ou multisig, sont particulièrement utiles pour les comptes bancaires conjoints et les entreprises qui ont besoin de plusieurs personnes pour signer chaque transaction. Les portefeuilles Multi Sig offrent une couche de sécurité supplémentaire, une protection contre les points de défaillance uniques et une transparence améliorée pour les comptes partagés. Ceci est accompli en partageant le pouvoir de signature entre de nombreuses parties.

Lors du choix d'un portefeuille Bitcoin, quelques considérations importantes doivent être prises en compte :

Accordez une haute priorité aux portefeuilles offrant des fonctionnalités de sécurité solides telles que le contrôle des clés privées, le cryptage et la possibilité de sauvegarder et de récupérer votre portefeuille. Évaluez le fournisseur du portefeuille en termes de réputation et d'expérience, ainsi que de son dévouement aux meilleures procédures de sécurité.

Pensez à vos exigences en matière de facilité d'accès et de commodité. Un portefeuille mobile est une option à considérer si vous faites beaucoup d'affaires en déplacement. Il est possible qu'un portefeuille matériel soit la meilleure option pour quelqu'un qui accorde de l'importance à la sécurité. Procédez à une évaluation de votre mode de vie et des choses qui sont importantes pour vous afin de localiser le compromis optimal en matière de commodité et de sécurité.

Effectuer une analyse de l'expérience utilisateur ainsi que de l'interface utilisateur du portefeuille. Assurez-vous que le portefeuille est convivial, possède une interface simple et fournit un service client digne de confiance en cas de difficultés. Toute votre expérience Bitcoin peut être améliorée en utilisant un portefeuille simple à utiliser.

Il est essentiel pour la gestion sécurisée de vos actifs numériques que vous vous familiarisez avec les nombreux types de portefeuilles Bitcoin. Différents types de portefeuilles, notamment les portefeuilles matériels et logiciels, les portefeuilles papier et les portefeuilles multi signatures, offrent un niveau différent de facilité, de sécurité et d'autorité sur vos clés privées. Lors de la sélection d'un portefeuille Bitcoin, il est important de prendre en compte les facteurs suivants : fonctionnalités de sécurité, facilité, accessibilité, expérience utilisateur et assistance. Faites de la sécurité une priorité absolue en créant régulièrement des sauvegardes de votre portefeuille et selon les meilleures pratiques. Vous serez en mesure de sélectionner en toute confiance un portefeuille Bitcoin qui répond à vos critères et de gérer vos actifs numériques sans ressentir aucune anxiété si vous comprenez d'abord les possibilités disponibles, puis alignez ces options sur vos besoins uniques.

Comprendre les adresses Bitcoin et les clés privées

Dans le domaine du Bitcoin, il est absolument nécessaire d'avoir une solide compréhension des concepts d'adresses et de clés privées afin de gérer et protéger efficacement vos actifs numériques. Les adresses Bitcoin sont utilisées comme identité publique, ce qui vous permet de recevoir des fonds. Les clés privées, quant à elles, sont les clés secrètes qui fournissent la preuve de propriété et permettent d'effectuer des transactions en toute sécurité. Dans cette section, nous examinerons la complexité des adresses Bitcoin et des clés privées, y compris leurs responsabilités, les concepts cryptographiques, les formulaires d'adresse et la pertinence d'une administration sécurisée. Plus précisément, nous nous concentrerons sur la façon dont les adresses Bitcoin sont formatées. Vous pourrez parcourir en toute confiance le monde du Bitcoin et protéger votre richesse numérique si vous avez une compréhension approfondie de ces idées clés.

Les adresses Bitcoin sont des identifiants alphanumériques composés de lettres et de chiffres et servent d'identification publique de l'utilisateur au sein du réseau Bitcoin. Ils constituent le point de contact final pour les transactions Bitcoin et constituent un élément essentiel du processus de réception des paiements. Les adresses Bitcoin sont générées en utilisant une combinaison d'opérations mathématiques difficiles et de méthodes cryptographiques. Cela garantit que chaque adresse est complètement unique et qu'elle reste sécurisée. Ces adresses peuvent être trouvées dans une variété de formats, tels que les adresses héritées commençant par un « 1 », les adresses SegWay commençant par un « 3 » et les adresses Bech 32 commençant par un « bc1 ». Les utilisateurs peuvent sélectionner le choix le plus adapté à leurs besoins car chaque format possède son propre ensemble d'avantages ainsi que des problèmes de compatibilité.

Vos avoirs Bitcoin ne sont accessibles que via l'utilisation d'une clé privée, qui est une chaîne de longs nombres produits de manière aléatoire. Ils sont dérivés d'algorithmes cryptographiques, dont le plus courant est connu sous le nom de cryptographie à courbe elliptique (ECC). La signature de transactions et l'établissement de la propriété nécessitent l'utilisation de clés privées, nécessaires à cet effet. Les adresses Bitcoin

sont

générées à l'aide de clés publiques ; cependant, les clés privées ne sont pas rendues publiques et doivent être conservées dans un endroit sécurisé. Le fait que la perte de possession de vos clés privées puisse entraîner la perte de vos avoirs en Bitcoin souligne à quel point il est important d'empêcher tout accès non autorisé à ces clés.

Les adresses Bitcoin et les clés privées sont étroitement liées en termes de propriétés cryptographiques. Les adresses Bitcoin sont formées à partir de clés publiques dérivées des clés privées correspondantes dans le réseau Bitcoin. La relation entre les adresses et les clés privées est à sens unique, ce qui signifie que vous ne pouvez pas déduire la clé privée de l'adresse ou de la clé publique. C'est un point essentiel à garder à l'esprit, car il est crucial de le souligner. La sécurité et l'intégrité des transactions Bitcoin sont protégées par cette relation, qui ne va que dans un seul sens. Lorsque vous dépensez du Bitcoin à partir d'une adresse spécifique ou transférez du Bitcoin d'une adresse à une autre, vous devez fournir une preuve de propriété en donnant une signature valide générée avec la clé privée associée. Cette vérification cryptographique garantit que seul le propriétaire légitime d'une adresse Bitcoin particulière peut accéder et gérer les fonds liés à cette adresse.

Il est absolument nécessaire d'assurer la sécurité de vos adresses Bitcoin et de vos clés privées si vous souhaitez protéger vos fonds numériques. Les comportements suivants ajoutent à leur sentiment de sécurité :

Il est absolument nécessaire de créer régulièrement des sauvegardes de vos clés privées et des adresses associées afin de les protéger contre la perte ou la destruction. Les portefeuilles papier, les portefeuilles matériels ou les sauvegardes numériques cryptées de manière sécurisée peuvent tous être utilisés comme méthodes de préservation des données. Vous pouvez garantir que vous pourrez toujours accéder à vos fonds et les récupérer même si une copie de votre clé privée est détruite ou perdue en en produisant des copies redondantes et en les stockant dans d'autres emplacements.

Vos clés et adresses privées ne seront pas accessibles via Internet lorsque vous les stockez à l'aide d'une technique de stockage hors ligne, ce qui ajoute une autre couche de protection à vos données. Les options populaires de stockage frigorifique incluent les portefeuilles matériels, qui sont essentiellement des dispositifs physiques créés spécifiquement dans le but de conserver en toute sécurité les clés privées, ainsi que les portefeuilles papier, dans lesquels la clé privée est imprimée sur papier. Vous pouvez protéger vos clés privées contre les dangers potentiels en ligne tels que le piratage et les virus si vous les stockez dans un endroit qui n'est pas connecté à Internet.

Il est absolument nécessaire d'utiliser des équipements et des connexions sécurisées chaque fois que vous accédez à vos adresses ou clés privées. Il est préférable d'éviter d'utiliser des ordinateurs ou des réseaux publics avec lesquels vous n'êtes pas familier, car cela pourrait mettre en danger la sécurité de vos clés. Assurez-vous qu'aucun de vos appareils n'est infecté par un logiciel malveillant et que toutes vos connexions sont cryptées et sécurisées. Vous pouvez réduire la probabilité que des tiers non autorisés aient accès à vos clés privées si vous prenez des précautions et suivez les politiques d'accès établies.

Un degré de protection supplémentaire peut être ajouté à votre portefeuille Bitcoin en modifiant régulièrement vos adresses Bitcoin et en produisant de nouvelles paires de clés. Cette méthode réduit le danger lié à l'exposition des clés sur une période prolongée et améliore la confidentialité en général. Vous pouvez rendre plus difficile aux éventuels attaquants de surveiller votre historique de transactions et de le corréler avec une seule adresse ou clé en créant constamment de nouvelles adresses et paires de clés. Cela rend plus difficile pour les attaquants potentiels de voler votre cr ypto-monnaie.

Il est absolument nécessaire d'avoir une solide compréhension des adresses Bitcoin et des clés privées afin de gérer et de protéger efficacement votre richesse numérique. Les adresses Bitcoin sont utilisées comme identité publique, ce qui vous permet de recevoir des fonds. Les clés privées, quant à elles, sont les clés secrètes qui fournissent la preuve de propriété et permettent d'effectuer des transactions en toute sécurité. Vous pouvez réduire le risque de vol de vos avoirs Bitcoin et assurer leur sécurité à long terme si vous adoptez la rotation des clés et la gestion sécurisée de vos adresses Bitcoin et de vos clés privées. Cela peut être accompli grâce à l'utilisation de procédures de sauvegarde et de récupération, de solutions de stockage à froid, de protocoles d'accès sécurisés et d'autres activités similaires. Gardez à l'esprit que le stockage sécurisé de vos clés privées est indispensable pour que vous puissiez continuer à exercer le contrôle et la propriété de votre richesse numérique dans le monde décentralisé du Bitcoin.

Utiliser Bitcoin pour les transactions

Bitcoin, qui fonctionne comme une monnaie numérique décentralisée, a fondamentalement modifié la manière dont les transactions sont effectuées. Bitcoin a gagné en popularité auprès des particuliers et des entreprises du monde entier en raison des qualités distinctives qu'il possède, notamment la transparence, la sécurité et le fait qu'il soit sans frontières. Dans cette section, nous explorerons le processus d'utilisation du Bitcoin pour les transactions, y compris ses avantages et ses inconvénients, les étapes requises pour envoyer et recevoir du Bitcoin, la fonction des portefeuilles et des adresses, les frais associés aux transactions Bitcoin et le paysage en constante évolution. des paiements Bitcoin. Les particuliers et les entreprises peuvent profiter des possibilités offertes par cette forme innovante de monnaie numérique s'ils comprennent parfaitement comment le Bitcoin peut être utilisé pour les transactions financières.

Les transactions basées sur Bitcoin impliquent le transfert de valeur d'une partie à une autre via l'utilisation du réseau Bitcoin. Pour ce faire, ils utilisent des techniques cryptographiques en conjonction avec la nature décentralisée de la blockchain pour garantir que toutes les transactions sont sécurisées, immuables et transparentes. Les transactions Bitcoin offrent un certain nombre d'avantages par rapport aux méthodes de paiement traditionnelles, notamment des délais de règlement plus rapides, des frais réduits, une accessibilité mondiale et une confidentialité améliorée par rapport aux institutions bancaires existantes.

Les portefeuilles Bitcoin sont essentiellement des coffres-forts numériques qui peuvent être utilisés pour la gestion et le stockage des Bitcoins. Ils sont disponibles dans une variété de formats, tels que des portefeuilles logiciels de bureau, mobiles et Web, ainsi que des portefeuilles matériels, des portefeuilles papier et des portefeuilles multi-signatures. Les portefeuilles donnent aux utilisateurs la possibilité de créer et de gérer des adresses Bitcoin, qui servent d'identifiants uniques pour recevoir des fonds et peuvent être générées par l'utilisateur. Les adresses Bitcoin sont essentielles pour identifier le destinataire d'une transaction puisqu'elles sont obtenues à partir de clés publiques. Ces clés sont distribuées publiquement.

Pour pouvoir envoyer du Bitcoin, le portefeuille de l'expéditeur doit disposer d'un solde suffisant. Ils ont besoin de l'adresse Bitcoin du destinataire, qui peut être obtenue soit par l'expéditeur et le destinataire en échangeant leurs adresses Bitcoin uniques respectives, soit en scannant un code QR. La transaction est générée et signée par le portefeuille de l'expéditeur avec la clé privée de l'expéditeur, fournissant une preuve cryptographique que la propriété a été conservée. Ensuite, la transaction signée est diffusée sur le réseau Bitcoin, où les mineurs la valident et la vérifient avant de l'inclure dans un bloc.

L'expéditeur doit connaître l'adresse Bitcoin du destinataire pour que celui-ci reçoive Bitcoin. Cette adresse peut être affichée sous la forme d'une chaîne de texte ou elle peut être codée dans un code QR dans le but de faciliter sa numérisation. Lorsque l'expéditeur commence la transaction, celle-ci fait immédiatement partie d'un groupe d'autres qui n'ont pas encore été confirmés. Les mineurs valident les transactions individuelles avant de choisir celles à inclure dans un bloc. Une fois qu'un mineur a réussi à extraire un bloc contenant la transaction, la transaction est considérée comme confirmée, elle est rendue visible dans le portefeuille du destinataire et elle est placée dans la blockchain pour garantir qu'elle ne peut pas être modifiée.

Les frais de transaction sont un coût courant associé aux transactions Bitcoin. Ces coûts incitent les mineurs à donner la priorité à l'inclusion de ces transactions dans des blocs. Le montant du coût dépend d'un certain nombre de paramètres, notamment la taille de la transaction, le niveau de congestion du réseau et la vitesse de confirmation requise. Le temps requis pour la confirmation peut changer en fonction de l'état du réseau. Le caractère définitif des transactions Bitcoin est normalement déterminé par l'achèvement d'un certain nombre de confirmations, dont la durée est déterminée par les frais associés à la transaction, le degré de congestion du réseau et le niveau de sécurité souhaité.

Des avantages tels que des coûts de transaction réduits et une portée client accrue entraînent une augmentation constante du nombre de commerçants qui acceptent le Bitcoin. L'utilisation du Bitcoin a augmenté en raison du nombre croissant de grandes entreprises, de détaillants en ligne et de fournisseurs de services qui l'acceptent désormais comme mode de paiement. Les processeurs de paiement permettent les transactions Bitcoin entre les commerçants et les clients, en changeant les paiements Bitcoin en devises traditionnelles si le commerçant le souhaite et en offrant aux entreprises des options plus rationalisées. La solution de mise à l'échelle de couche 2 connue sous le nom de Lightning Network a été créée au-dessus de la blockchain Bitcoin. Il permet des transactions rapides à moindre coût via les canaux de paiement, ce qui améliore la capacité d'évolutivité du Bitcoin et encourage son utilisation dans

les

transactions quotidiennes.

L'utilisation du Bitcoin pour les transactions financières présente un large éventail d'avantages, parmi lesquels des délais de règlement des transactions accélérés, une diminution des frais, une accessibilité mondiale et un plus grand anonymat. Les particuliers et les entreprises ont la possibilité de capitaliser sur la promesse de cette monnaie numérique innovante en comprenant les étapes requises pour envoyer et recevoir des Bitcoins, la fonction des portefeuilles et des adresses, les frais associés aux transactions Bitcoin et le paysage changeant du Bitcoin. Paiements. L'influence du Bitcoin sur le système financier mondial a pour effet de modifier les méthodes de paiement traditionnelles en offrant une alternative décentralisée et efficace pour effectuer des transactions. Les particuliers comme les entreprises peuvent s'ouvrir à un monde d'opportunités et bénéficier du potentiel révolutionnaire de la monnaie numérique s'ils adoptent le Bitcoin.

Envoi et réception de paiements Bitcoin

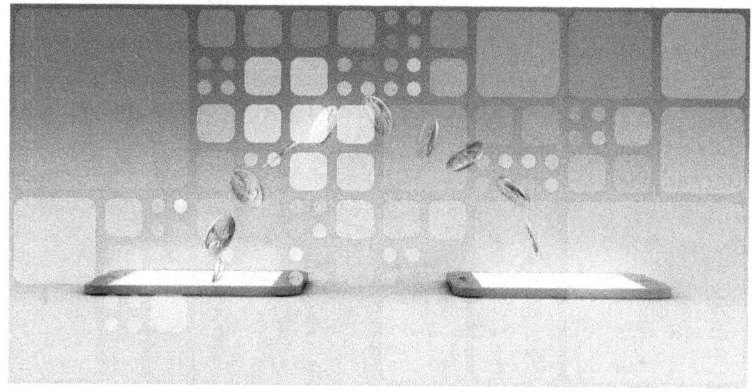

Grâce à ses moyens décentralisés et efficaces d'effectuer des transactions, Bitcoin est devenu une force perturbatrice dans le monde de la finance. Il est essentiel de comprendre les nuances de l'envoi et de la réception de paiements Bitcoin si vous voulez réussir dans cet environnement numérique. Cette section examinera les étapes impliquées dans une transaction Bitcoin, y compris la fonction des portefeuilles et des adresses, la confirmation de la transaction et les problèmes de sécurité. Nous parlerons également de l'évolution des paiements Bitcoin, notamment de l'acceptation par les commerçants et de l'intégration du réseau Lightning. Comprendre la complexité des paiements Bitcoin permettra aux consommateurs et aux organisations de profiter pleinement des capacités de cette monnaie numérique innovante.

La valeur est transférée d'une partie à une autre via le réseau Bitcoin lors d'une transaction. Ces transactions sont documentées sur la blockchain, un grand livre public ouvert et immuable. Par rapport aux méthodes de paiement conventionnelles, les transactions Bitcoin présentent de nombreux avantages, notamment des délais de règlement plus rapides, des frais réduits, une accessibilité à l'échelle mondiale et une confidentialité améliorée.

Bitcoin est géré et stocké numériquement via des portefeuilles Bitcoin. Ils peuvent être trouvés dans une variété de formats, notamment des portefeuilles matériels, des portefeuilles papier, des portefeuilles multi signatures et des portefeuilles logiciels (ordinateurs de bureau, mobiles et Web). Les utilisateurs peuvent créer et gérer des adresses Bitcoin dans des portefeuilles, qui servent d'identifiants distinctifs pour recevoir des fonds.

Un solde de portefeuille important ainsi que l'adresse Bitcoin du destinataire sont requis pour l'envoi de Bitcoin. L'adresse du destinataire, le montant de Bitcoin à envoyer et toute autre information sont saisis dans le portefeuille de l'expéditeur pour générer une transaction. La clé privée de l'expéditeur est ensuite utilisée pour signer numériquement la transaction, établissant ainsi la propriété de manière sécurisée. Le réseau Bitcoin diffuse cette transaction signée, et les mineurs vérifient sa validité.

Le destinataire fournit à l'expéditeur son adresse Bitcoin afin de recevoir Bitcoin.

L'adresse peut être affichée sous la forme d'une série de caractères ou scannée de manière pratique sous forme de code QR. La transaction entre dans un pool de transactions non confirmées chaque fois que l'expéditeur la démarre. Afin de garantir leur immuabilité, les mineurs choisissent les transactions dans ce pool, les vérifient et les ajoutent à un bloc sur la blockchain.

Afin de prévenir la fraude et les accès non autorisés, la sécurité est essentielle dans les transactions Bitcoin. Les transactions Bitcoin sont autorisées par des clés privées, qui doivent être sauvegardées et conservées dans un endroit sécurisé. De solides protections de sécurité sont offertes par des options telles que les portefeuilles matériels, les portefeuilles papier et les sauvegardes numériques cryptées. De plus, garantir l'intégrité des transactions Bitcoin dépend de la sécurité du réseau et de la prévention des fraudes et des escroqueries.

L'utilisation du Bitcoin par les entreprises continue d'augmenter, en raison d'avantages tels que des coûts de transaction inférieurs et une base de consommateurs plus large. L'utilité du Bitcoin a augmenté grâce à son intégration en tant qu'option de paiement par les grandes entreprises, les commerçants Internet et les fournisseurs de services.

Les processeurs de paiement facilitent les transactions Bitcoin pour les entreprises et les clients en garantissant des transactions fluides et, si nécessaire, en convertissant les paiements Bitcoin en devises plus conventionnelles. Une solution de mise à l'échelle de couche 2 appelée Lightning Network améliore l'évolutivité de Bitcoin en permettant des transactions rapides et peu coûteuses via les systèmes de paiement.

Les paiements Bitcoin offrent aux particuliers et aux entreprises un moyen révolutionnaire d'effectuer des transactions financières. La façon dont nous menons nos affaires évolue en raison de l'efficacité, de la rapidité et de l'accessibilité mondiale du Bitcoin. Les individus et les organisations peuvent utiliser pleinement le potentiel de cette monnaie numérique innovante en connaissant les étapes impliquées dans les transactions Bitcoin, la fonction des portefeuilles et des adresses, la confirmation des transactions, les considérations de sécurité et l'environnement changeant des paiements Bitcoin. L'influence du Bitcoin sur le système financier mondial devrait transformer les systèmes de paiement établis en fournissant une alternative décentralisée et efficace pour les transactions à mesure que l'utilisation de la cryptomonnaie augmente.

ChapitreIV : LeminagedeBitcoinetlablockchain

Comment fonctionne le minage de Bitcoin

Pour la validation des transactions, la sécurité des réseaux et la création de nouveaux Bitcoins, le minage de bitcoins, une procédure cruciale dans le monde des crypto-monnaies, est nécessaire. Cette section cherche à explorer les processus complexes du minage de Bitcoin, y compris ses motivations, les rôles des mineurs, la procédure de validation des blocs, le mécanisme de consensus, le matériel et les logiciels de minage et ses effets sur l'environnement. Une meilleure compréhension de la technologie qui sous-tend cette monnaie numérique révolutionnaire peut être obtenue en comprenant le fonctionnement interne du minage de Bitcoin.

La sécurité du réseau et la nouvelle émission de Bitcoin sont les deux principaux objectifs du minage de Bitcoin. En participant au processus de minage, les utilisateurs contribuent à la sécurité et à la fiabilité du réseau Bitcoin, réduisant ainsi la fraude et préservant la confiance des utilisateurs. Les Bitcoins nouvellement créés sont également remis aux mineurs en guise de paiement, encourageant ainsi leur par ticipation.

Au sein du réseau Bitcoin, les mineurs assument des responsabilités cruciales. Ils vérifient les transactions pour s'assurer qu'elles sont authentiques et respectent les règles du réseau. De plus, les algorithmes de preuve de travail (PoW) remettent en question les problèmes mathématiques que les mineurs tentent de résoudre afin de générer de nouveaux blocs comprenant des lots de transactions validées. Les mineurs aident ainsi les participants du réseau à maintenir un consensus.

Pour valider la validité des transactions et ajouter de nouveaux blocs à la blockchain, les mineurs doivent franchir un certain nombre d'étapes appelées validation de bloc. Afin de résoudre le casse-tête PoW, ils choisissent les transactions non confirmées dans le pool de mémoire, construisent l'en-tête du bloc, modifient la valeur occasionnelle et diffusent le bloc vérifié sur le réseau. La validité du bloc est ensuite vérifiée par des mineurs supplémentaires avant de l'inclure dans leur copie locale de la blockchain.

Les mineurs de Bitcoin utilisent du matériel et des logiciels spécialisés pour mener à bien leurs opérations minières. Les circuits intégrés spécifiques à une application (ASIC), un type de matériel minier, sont spécialement conçus pour effectuer les calculs complexes nécessaires à la résolution des algorithmes PoW. Le logiciel de minage automatise la validation des transactions et la formation des blocs, favorise la connexion avec d'autres nœuds et contrôle le processus de minage.

Des inquiétudes concernant l'impact environnemental du minage de Bitcoin ont été soulevées en raison de sa consommation d'énergie. Les opérations minières nécessitent une énorme quantité de puissance de calcul, ce qui entraîne une consommation d'électricité importante, en particulier dans les zones où la production d'énergie est dominée par les combustibles fossiles. Cependant, des mesures sont prises pour résoudre ce problème. En passant aux sources d'énergie renouvelables, certains mineurs réduisent leur empreinte carbone. De plus, la recherche se concentre sur la création d'équipements miniers qui consomment moins d'énergie et sur l'amélioration des algorithmes miniers.

Le minage de Bitcoin est essentiel pour la création de nouveaux Bitcoins, la sécurité du réseau et la validation des transactions. Les gens peuvent acquérir une compréhension approfondie de ce nouveau processus en comprenant la fonction de l'exploitation minière, le rôle des mineurs, la procédure de validation des blocs, le matériel et les logiciels impliqués et l'impact environnemental. Bien que l'exploitation minière ait des problèmes en termes de consommation d'énergie, les initiatives continues visant à améliorer l'efficacité énergétique et à adopter des sources d'énergie renouvelables visent à réduire son impact environnemental. Le potentiel inventif des monnaies numériques et leur capacité à changer la nature du système financier mondial sont démontrés par le minage de Bitcoin.

Options matérielles et logicielles minières

Élément clé de l'écosystème de la monnaie numérique, le minage de cryptomonnaie s'appuie sur une technologie et des logiciels spécialisés. À mesure que la technologie minière a progressé, elle offre désormais une variété de solutions pour satisfaire les besoins croissants des mineurs. La complexité des alternatives matérielles et logicielles minières, ainsi que leurs caractéristiques, avantages et inconvénients, seront examinées dans cette section. Les gens peuvent maximiser leur potentiel minier et faire des choix éclairés s'ils sont conscients des nuances de l'équipement minier.

Le terme « matériel de minage » décrit des machines spécialisées conçues pour effectuer les calculs complexes nécessaires au minage de crypto-monnaies. Il contribue de manière significative à l'efficacité et à la puissance de calcul des opérations minières, essentielles à leur succès. Les unités centrales de traitement (CPU), les unités de traitement graphique (GPU) et les circuits intégrés spécifiques à une application (ASIC) sont les trois principales catégories de matériel minier.

Bien qu'autrefois l'option privilégiée pour le minage, les processeurs ont perdu une partie de leur efficacité en raison de leur nature polyvalente. La capacité de traitement parallèle des GPU, initialement créés pour les applications de jeux et multimédia, les rend adaptés au minage. Les ASIC, quant à eux, sont des dispositifs conçus sur mesure, conçus uniquement pour l'extraction de crypto-monnaies et offrent une puissance de hachage et une efficacité énergétique inégalées.

Chaque forme d'équipement minier présente des avantages et des inconvénients. Malgré leur polyvalence, les processeurs ne sont plus compétitifs pour miner du Bitcoin. Cependant, ils sont toujours utilisables pour extraire certains altcoins. En raison de leur flexibilité et de leur capacité de traitement parallèle, les GPU sont populaires parmi les mineurs et sont excellents pour extraire une variété de crypto-monnaies. En raison de leurs performances supérieures et de leur conception spécialisée, les ASIC prédominent dans le minage de Bitcoin.

Le réseau Bitcoin et les appareils de minage sont connectés par un logiciel de minage. Il permet aux mineurs de gérer les tâches et de suivre les performances tout en se connectant aux pools miniers. Il existe de nombreuses possibilités :

Une copie complète de la blockchain peut être téléchargée et maintenue par les mineurs à l'aide d'un logiciel à nœud complet comme Bitcoin Core, ce qui augmente la sécurité et la décentralisation du réseau.

En collaborant et en mettant en commun leur puissance de calcul, les mineurs peuvent utiliser un logiciel de pool minier pour augmenter leurs chances de gagner des récompenses. La coordination et la répartition des tâches entre les mineurs participants sont facilitées par des logiciels de pool minier comme CGMiner et BFGMiner.

Dans le but d'exploiter des crypto-monnaies, des systèmes d'exploitation miniers spécialisés comme EthOS, Simple Mining et HiveOS ont été créés. Ces systèmes comprennent des interfaces utilisateur faciles à utiliser, des outils de gestion minière et une stabilité accrue des plates-formes minières.

Les options en matière d'équipements et de logiciels miniers évoluent constamment en raison des nouveaux développements technologiques. Les fabricants d'ASIC introduisent fréquemment de nouveaux modèles offrant des performances et une efficacité améliorées. La puissance et l'efficacité des GPU s'améliorent également. De nouvelles fonctionnalités sont intégrées aux logiciels miniers pour augmenter la productivité et la rentabilité.

Lors du choix du matériel minier, les mineurs doivent prendre en compte un certain nombre de facteurs. La dépense initiale, la consommation électrique et la rentabilité éventuelle sont autant de coûts à prendre en compte. Étant donné que différentes crypto-monnaies utilisent des algorithmes de minage différents et que différents types de matériel et de logiciels peuvent ne pas être compatibles entre eux, la compatibilité des algorithmes de minage est cruciale.

Pour de meilleurs résultats miniers, la sélection du matériel et des logiciels appropriés est essentielle. Le coût, la compatibilité, la puissance de calcul et l'efficacité énergétique doivent tous être pris en compte. Pour rester compétitifs dans le monde en évolution rapide du minage de crypto-monnaies, les mineurs doivent suivre les avancées technologiques.

Tout le potentiel du minage de crypto-monnaie peut être libéré en choisissant la bonne combinaison matérielle et logicielle, qu'il s'agisse d'utiliser des GPU pour le minage de bitcoins, des ASIC pour le minage de Bitcoin ou un logiciel de minage spécialisé, pour une administration efficace. En utilisant l'équipement minier approprié,
les mineurs peuvent s'impliquer efficacement dans cet écosystème dynamique et contribuer à l'expansion et à la sécurité du monde des monnaies numériques.

Rejoindre un pool minier

Le minage de cryptomonnaie nécessite aujourd'hui beaucoup de ressources et est compétitif. Rejoindre un pool minier est devenu une option puisque les mineurs individuels ont du mal à obtenir des rendements constants. En mettant en commun leurs ressources informatiques, les mineurs peuvent augmenter leurs chances de réussir à extraire des blocs et d'obtenir des récompenses. Cette section examine le concept des pools miniers, leurs avantages, comment rejoindre un pool, les principales options de pool minier et les facteurs à prendre en compte lors du choix du meilleur pool. Les particuliers peuvent augmenter leur rentabilité minière et s'engager activement dans la communauté minière Bitcoin en connaissant les mécanismes des pools miniers.

Les plates-formes collaboratives appelées pools miniers permettent aux mineurs individuels de combiner leur puissance de calcul et leurs blocs miniers. Cette stratégie présente de nombreux avantages. Lorsque les mineurs contribuent à l'effort minier du groupe, cela augmente d'abord la possibilité d'obtenir des récompenses. Deuxièmement, par rapport au minage en solo, qui peut être affecté par les difficultés de minage et la chance, les pools de minage offrent des rendements plus fiables. Grâce aux pools miniers, les mineurs peuvent également accéder à des statistiques en temps réel, suivre leurs progrès et bénéficier d'une assistance technique.

Les mineurs doivent effectuer des recherches approfondies, choisir un pool digne de confiance, créer un compte, configurer leur logiciel de minage et se connecter au serveur de minage du pool afin de rejoindre un pool de minage.

Lors de l'évaluation de différents pools miniers, les mineurs doivent prendre en compte des facteurs tels que la taille du pool, les coûts miniers, les options de récompense, la réputation et le soutien de la communauté. Les forums en ligne et les sites Web de comparaison de piscines peuvent offrir des conseils utiles pour choisir la meilleure piscine.

En fournissant les détails requis, notamment une adresse e-mail, un nom d'utilisateur et un mot de passe, les mineurs créent un compte avec le pool sélectionné. Pour des raisons de sécurité, certains pools pourraient exiger des procédures de vérification supplémentaires.

Pour se connecter au pool de minage, les mineurs configurent leur logiciel de minage. L'adresse IP, le numéro de port et les informations d'identification du serveur minier du pool doivent être spécifiés. Chaque programme minier dispose d'une procédure de configuration unique qui, en fonction des exigences du pool particulier, peut également inclure d'autres paramètres.

En démarrant leur programme de minage avec les paramètres spécifiés, les mineurs commencent la connexion au pool. Les mineurs peuvent contribuer à leur capacité de traitement à l'effort minier du groupe en se connectant via le programme au serveur minier du pool.

Slush Pool, F2Pool et Antpool ne sont que quelques-uns des pools miniers bien connus disponibles. Slush Pool est l'un des premiers pools miniers à offrir fiabilité et transparence. Il utilise un système de récompense basé sur des scores qui prend en compte les efforts cumulés d'un mineur. Le Bitcoin ainsi que d'autres crypto-monnaies peuvent être exploités avec Slush Pool.

L'un des plus grands pools miniers au monde est F2Pool, communément appelé Discus Fish. Il prend en charge un certain nombre de crypto-monnaies et utilise un mécanisme de récompense au paiement par action (PPS) pour garantir que les mineurs reçoivent des paiements réguliers. Le service fiable et la solide infrastructure de F2 Pool sont bien connus.

L'un des plus grands pools de minage de Bitcoin est Ant Pool, géré par Bitmain. Il offre des options de récompense variables et prend en charge différents algorithmes de minage. Avec l'aide des systèmes de récompense PPS et Full Pay-Per-Share (FPPS) d'Ant pool, les mineurs peuvent s'attendre à un revenu stable.

Lors du choix d'un pool de minage, les mineurs doivent prendre en compte un certain nombre de facteurs.

La taille et la répartition du hashrate d'un pool peuvent affecter la productivité minière et les paiements. Alors que les pools plus petits peuvent offrir des récompenses plus importantes avec des fluctuations plus élevées, les pools plus grands offrent souvent des paiements plus constants. En fonction de leur niveau de tolérance au risque et de leur expérience minière préférée, les mineurs doivent trouver un équilibre.

En règle générale, les pools miniers déduisent des frais des récompenses accordées aux mineurs en échange de leurs services. Les mineurs doivent comparer les barèmes de frais et prendre en compte leur lien avec les caractéristiques, la fiabilité et la cohérence des paiements du pool.

Différentes stratégies de rémunération sont utilisées par les pools miniers, notamment les systèmes Pay-Per-Share (PPS), Pay-Per-Last-N-Shares (PLANS) et les systèmes basés sur les scores. Comprendre les stratégies de paiement utilisées par un pool aidera les mineurs à décider laquelle correspond le mieux à leurs goûts et à leurs objectifs miniers.

Une expérience minière plus fiable est garantie lorsque vous rejoignez un pool respecté et établi. Les mineurs doivent prendre en compte la réputation du pool, son implication dans la communauté et l'assistance offerte à ses membres.

Les mineurs individuels ont la possibilité d'augmenter leur rentabilité minière grâce à l'exploitation minière collaborative en rejoignant un pool minier. Les mineurs améliorent leurs chances de réussir à extraire des blocs et d'obtenir des récompenses en partageant la puissance de traitement. Une recherche approfondie, le choix d'un pool fiable, la création d'un compte, la configuration du logiciel de minage et la connexion au serveur de minage du pool sont autant d'étapes de la procédure.

Lors du choix d'un pool de minage, les mineurs doivent prendre en compte des éléments tels que la taille du pool, la distribution du hashrate, les frais de minage, les méthodes de paiement, la réputation et le soutien de la communauté. Les mineurs peuvent sélectionner un pool qui correspond à leurs objectifs miniers, leur tolérance au risque et le niveau souhaité de cohérence des récompenses en pesant soigneusement ces aspects. Rejoindre un pool minier procure un sentiment de camaraderie et de soutien au sein de l'environnement minier Bitcoin en plus d'augmenter la probabilité de recevoir des récompenses. Les individus peuvent participer activement à la communauté minière de crypto-monnaie tout en augmentant leur rentabilité minière en utilisant des pools miniers pour le minage collaboratif.

Le rôle de la blockchain dans la sécurisation des transactions Bitcoin

La blockchain est la technologie fondamentale de la monnaie numérique décentralisée Bitcoin, qui en dépend pour sécuriser les transactions. Un registre public visible et immuable qui enregistre toutes les transactions Bitcoin est fourni par la blockchain. La fonction fondamentale de la blockchain dans la protection des transactions Bitcoin est examinée dans cette section. Il explore les éléments essentiels de la blockchain, tels que les méthodes de consensus et de vérification des transactions, ainsi que la manière dont la blockchain affecte la confiance et la sécurité au sein de l'écosystème Bitcoin et comment elle résiste à la fraude et à la manipulation. Les gens peuvent comprendre l'importance de la blockchain dans l'établissement d'un système sécurisé et fiable pour les transactions Bitcoin en connaissant sa fonction.

Toutes les transactions Bitcoin sont suivies par le grand livre distribué connu sous le nom de blockchain. Il fonctionne comme une chaîne de blocs transparente et immuable, chaque bloc contenant un ensemble de transactions. Un réseau décentralisé d'ordinateurs, également appelés nœuds, est responsable de la mise à jour et de la maintenance de la blockchain. La sécurité et la fiabilité du système sont renforcées par sa transparence et son immuabilité.

La vérification des transactions est un élément clé de la protection des transactions Bitcoin. Une transaction doit d'abord passer par une validation avant de pouvoir être publiée sur la blockchain. L'authenticité de la transaction est confirmée par des mineurs ou des nœuds de validation, qui s'assurent qu'elle suit les directives du protocole Bitcoin et que l'expéditeur dispose de fonds suffisants. Pour parvenir à un consensus entre les nœuds concernant la séquence et la validité des transactions, des techniques de consensus telles que la preuve de travail (PoW) ou la preuve de participation (PoS) sont essentielles. Ces contrôles protègent l'intégrité de la blockchain et mettent fin aux doubles dépenses.

L'intégrité des transactions Bitcoin est garantie par la blockchain, conçue pour résister à la fraude et à la falsification. Chaque bloc d'une chaîne irréversible est connecté au bloc précédent à l'aide d'algorithmes de hachage cryptographique. En raison de cette connexion, il est très difficile pour les attaquants de modifier secrètement des transactions antérieures. La structure distribuée de la blockchain, où plusieurs copies sont conservées sur un réseau de nœuds, rajoute une couche de protection supplémentaire. Il est presque difficile de modifier une transaction dans une copie de la blockchain sans l'affecter également dans toutes les versions. La blockchain est protégée contre les attaques malveillantes et les manipulations grâce à son paradigme de sécurité basé sur le consensus.

Au sein de l'écosystème Bitcoin, la blockchain est cruciale pour renforcer la confiance et la sécurité. La blockchain permet des transactions directes peer-to-peer, supprimant les intermédiaires comme les banques ou les processeurs de paiement, minimisant ainsi la dépendance à l'égard de tiers. N'importe qui peut vérifier et auditer les transactions grâce à la transparence et à l'auditabilité de la blockchain. En permettant aux utilisateurs de vérifier de manière indépendante l'intégrité du système, cette transparence favorise la confiance au sein de l'écosystème. Le mécanisme de consensus et les fonctionnalités de sécurité intégrées de la technologie établissent un système sans confiance grâce à la blockchain. Les participants peuvent effectuer des transactions sans avoir à se faire confiance mutuellement en s'appuyant sur la sécurité et la transparence de la blockchain.

Des améliorations et des contrôles de sécurité continus sont mis en place pour renforcer davantage la sécurité et l'efficacité de la blockchain. Segregated Witness (SegWay), une mise à jour du protocole qui sépare les signatures de transaction des données de transaction, est un exemple d'une telle mesure. Cette mise à jour augmente la capacité de transaction et réduit certaines menaces. De plus, les solutions de couche 2 comme Lightning Network cherchent à améliorer l'évolutivité et l'anonymat du réseau Bitcoin. Ces innovations permettent d'effectuer des transactions hors chaîne plus rapidement et à moindre coût tout en utilisant la sécurité inhérente de la blockchain sous-jacente.

La blockchain prend en charge l'ensemble du réseau Bitcoin et offre un registre sûr et ouvert pour l'enregistrement des transactions. La blockchain maintient la légalité et l'intégrité des transactions grâce à ses méthodes de vérification et de consensus, réduisant ainsi le risque de fraude et de manipulation. Il est extrêmement résistant aux attaques et aux manipulations en raison de son architecture distribuée et de ses caractéristiques cryptographiques. La transparence de la blockchain et l'absence d'intermédiaires favorisent la confiance et permettent des transactions sécurisées. La sécurité et l'évolutivité de la blockchain sont encore améliorées par les avancées actuelles et les mécanismes de sécurité tels que SegWay et les solutions de couche 2.

Les gens sont mieux équipés pour accepter les possibilités de cette technologie innovante lorsqu'ils comprennent le rôle crucial que joue la blockchain dans la protection des transactions Bitcoin. La blockchain ouvre la voie à un avenir où les transactions numériques seront plus sécurisées, décentralisées et fondées sur la confiance. La blockchain restera au premier plan à mesure que l'écosystème Bitcoin se développera, garantissant la sécurité, la transparence et la fiabilité des transactions dans le monde en ligne.

Chapitre V : Sécurité et confidentialité Bitcoin

Bonnes pratiques pour sécuriser votre Bitcoin

La sécurisation des actifs numériques est devenue de la plus haute importance à mesure que Bitcoin est de plus en plus accepté et valorisé. Bien que Bitcoin repose sur une sécurité cryptographique solide et des principes décentralisés, les utilisateurs doivent néanmoins prendre des précautions supplémentaires pour protéger leurs avoirs. Les meilleures techniques de protection du Bitcoin sont examinées dans cette section, notamment les portefeuilles sécurisés, les procédures d'authentification fiables, les plans de sauvegarde et la vigilance face à la fraude et à l'ingénierie sociale. Les gens peuvent accroître la sécurité de leurs avoirs en Bitcoin et naviguer en toute confiance dans l'écosystème des crypto-monnaies en mettant ces idées en pratique.

Il est essentiel d'être conscient des différents risques et menaces liés aux actifs numériques afin de sécuriser efficacement Bitcoin. Bitcoin est une cible privilégiée pour les pirates informatiques et les cybercriminels en raison de facteurs tels que sa valeur et sa nature numérique. Avoir une stratégie de sécurité proactive nécessite d'être conscient des dangers typiques, notamment les escroqueries par phishing, les logiciels malveillants, les portefeuilles piratés et l'ingénierie sociale.

La sécurisation du Bitcoin commence par le choix du meilleur portefeuille. Il existe différents niveaux de sécurité et de praticité offerts par différents types de portefeuilles, notamment les portefeuilles matériels, les portefeuilles logiciels et les portefeuilles papier. Une couche de protection supplémentaire est ajoutée en mettant en œuvre des portefeuilles multi-signatures qui nécessitent plusieurs clés privées pour l'autorisation des transactions. De plus, le fait de protéger les clés privées de toute menace en ligne en adoptant des techniques de stockage à froid telles que des portefeuilles matériels ou des portefeuilles papier ou le stockage hors ligne de Bitcoin améliore encore la sécurité.

La protection des avoirs Bitcoin nécessite l'utilisation de procédures d'authentification fortes. Pour les comptes portefeuille et les services associés, des mots de passe sécurisés et distinctifs doivent être créés. Un degré de sécurité supplémentaire est offert par l'authentification à deux facteurs (2FA), qui nécessite une deuxième forme d'identification, telle qu'un code de vérification délivré à un appareil mobile. Lors de l'accès aux portefeuilles ou de la réalisation de transactions, les techniques d'identification biométrique comme les empreintes digitales ou la reconnaissance faciale offrent commodité et sécurité accrue.

Il est essentiel de sauvegarder régulièrement les portefeuilles Bitcoin et les clés privées pour se prémunir contre la perte de données, les dysfonctionnements matériels et le vol. La possibilité de récupérer les avoirs Bitcoin en cas d'urgence est assurée par la création de sauvegardes cryptées et leur stockage en toute sécurité à plusieurs endroits. Lorsque vous utilisez le stockage cloud pour les sauvegardes, il convient de veiller à appliquer un cryptage fort et à sélectionner des fournisseurs fiables appliquant des mesures de sécurité strictes. L'intégrité des sauvegardes est régulièrement vérifiée et la capacité à restaurer les avoirs Bitcoin lorsque cela est nécessaire est confirmée.

Les détenteurs de Bitcoin doivent être à l'affût des stratégies de fraude et d'ingénierie sociale. Les gens sont mieux à même d'identifier et d'éviter les stratagèmes frauduleux lorsqu'ils connaissent les escroqueries et les stratégies de phishing les plus récentes. Il est essentiel de vérifier la légitimité des sites Web, des liens et des téléchargements de logiciels avant de divulguer des informations importantes ou de mener des affaires. Les individus doivent se prémunir contre toute compromission potentielle en faisant preuve de prudence lors de la manipulation d'informations privées et en évitant de distribuer des clés privées, des phrases de récupération de portefeuille ou des informations sensibles par des moyens non sécurisés.

Il est essentiel de maintenir le logiciel de portefeuille et les programmes associés à jour avec les correctifs de sécurité les plus récents. Le risque de virus ou de tentatives de piratage est réduit en utilisant des systèmes d'exploitation sécurisés et à jour sur les appareils utilisés pour les transactions Bitcoin. L'identification précoce des comportements suspects et des failles de sécurité potentielles est rendue possible par la surveillance régulière des transactions du portefeuille et des activités des comptes.

Lors de la communication avec des services liés au Bitcoin, l'utilisation de canaux de communication cryptés tels que les réseaux privés virtuels (VPN) ou les applications de messagerie sécurisée ajoute une couche de sécurité supplémentaire. Pour éviter toute écoute clandestine ou activité malveillante, vous devez faire preuve de prudence lorsque vous utilisez des réseaux Wi-Fi publics pour accéder aux portefeuilles Bitcoin ou effectuer des transactions.

Planifier un héritage numérique permet de garantir que les membres ou les bénéficiaires connaissent tous les actifs Bitcoin et leurs informations de connexion. La création d'enregistrements sécurisés des pratiques de sécurité et des données de récupération aide les membres de la famille à relever les défis liés à l'héritage des avoirs Bitcoin.

La sécurité du Bitcoin exige une stratégie approfondie et proactive. Pour que les mesures de sécurité soient mises en place efficacement, il est essentiel de comprendre les risques et dangers liés aux actifs numériques. Les gens peuvent protéger leurs avoirs Bitcoin en utilisant des procédures de portefeuille sécurisées, en mettant en place des mécanismes d'authentification forts, en développant des plans de sauvegarde de routine et en étant vigilants face aux escroqueries et à l'ingénierie sociale. La posture de sécurité totale est encore améliorée par des mises à jour de sécurité cohérentes, des méthodes de communication sécurisées et l'éducation des bénéficiaires et de leurs familles.

Il est essentiel de suivre les nouveaux risques à mesure que l'écosystème Bitcoin se développe et d'ajuster les procédures de sécurité en conséquence. Les particuliers peuvent naviguer dans le paysage Bitcoin en toute confiance en suivant ces bonnes pratiques, car ils sauront que leurs actifs numériques sont bien protégés face aux menaces et difficultés potentielles. Maintenir un engagement en matière de sécurité est nécessaire pour protéger Bitcoin, garantissant ainsi la préservation à long terme de la richesse numérique à l'ère des crypto-monnaies.

Se protéger contre les hacks et les escroqueries

La popularité croissante des cryptomonnaies a ouvert la porte à de nouvelles opportunités, mais elle a également rendu les gens plus vulnérables à diverses menaces, notamment la possibilité d'être piratés ou arnaqués. Les cybercriminels utilisent des méthodes de plus en plus sophistiquées pour exploiter les faiblesses et arnaquer ceux qui ignorent les dangers auxquels ils sont confrontés en raison de la croissance de la valeur des crypto-monnaies. Dans cette section, nous discuterons des stratégies les plus efficaces pour protéger vos avoirs en crypto-monnaie contre les attaques des pirates et des escrocs opérant dans l'environnement actuel. Nous verrons comment sécuriser les portefeuilles et les échanges, comment repérer les fraudes typiques, comment élaborer des mesures de sécurité robustes et comment rester informé de l'évolution du paysage des menaces. Les individus sont en mesure de protéger leurs actifs numériques et de parcourir en toute sécurité le monde des crypto-monnaies s'ils adoptent ces techniques et les mettent en pratique.

L'environnement entourant les crypto-monnaies regorge de dangers et les individus doivent être conscients de la nature toujours changeante des menaces auxquelles ils sont confrontés. Les pirates informatiques ciblent de plus en plus les individus, les bourses et les portefeuilles dans le but d'obtenir un accès illégal et de voler des actifs numériques, ce qui a entraîné une augmentation du nombre de problèmes de cybersécurité. Il est absolument nécessaire de comprendre la nature de ces dangers pour réussir à déployer des mesures de sécurité.

Lorsqu'il s'agit de se prémunir contre les pirates informatiques et les fraudes, la sécurisation des portefeuilles et des échanges numériques est de la plus haute importance. Il est absolument nécessaire de sélectionner des fournisseurs de portefeuille jouissant d'une solide réputation et mettant également en œuvre des mesures de sécurité strictes. En stockant les clés privées hors ligne et en les protégeant des dangers d'Internet, l'utilisation de portefeuilles matériels ajoute un degré supplémentaire de protection aux avoirs en crypto-monnaies de l'utilisateur. Afin que les individus puissent protéger leurs avoirs lorsqu'ils utilisent des échanges de crypto-monnaies, ils doivent rechercher des plates-formes dotées de mécanismes de sécurité solides, tels que l'authentification à deux facteurs (2FA) et le stockage à froid.

Les individus doivent être capables d'identifier les stratagèmes frauduleux courants afin de se protéger contre les abus. Les attaques de phishing, dans lesquelles des escrocs se font passer pour des sites Web ou des services en ligne réputés dans le but d'inciter les consommateurs à divulguer des informations critiques, sont assez courantes. Les personnes sensibilisées aux tactiques de phishing sont mieux à même de se protéger contre de telles arnaques. Le secteur des crypto-monnaies regorge d'escroqueries à la Ponzi et d'offres initiales de pièces de monnaie (ICO) frauduleuses, toutes deux courantes. Les individus ont de meilleures chances d'éviter d'être exploités par des stratagèmes frauduleux s'ils effectuent des recherches approfondies, vérifient la légalité des projets et font preuve de prudence lorsqu'ils investissent.

Les individus doivent appliquer des mesures de sécurité strictes afin de renforcer la protection de leurs actifs numériques, comme suit :

Avant d'accéder aux comptes ou d'effectuer des transactions, l'activation de l'authentification à deux facteurs (2FA) ajoute une couche de protection supplémentaire en nécessitant l'utilisation d'une deuxième méthode de vérification, qui peut prendre la forme d'un code unique envoyé à un appareil mobile.

Il est plus facile d'empêcher tout accès non autorisé si les utilisateurs choisissent des mots de passe forts et uniques et mettent régulièrement à jour ces mots de passe. L'utilisation d'un gestionnaire de mots de passe peut vous aider à créer et à stocker en toute sécurité des mots de passe complexes et longs.

Il est essentiel d'appliquer régulièrement les correctifs de sécurité les plus récents à tous les logiciels, y compris les systèmes d'exploitation, les applications et les programmes antivirus, car c'est le meilleur moyen de se prémunir contre les vulnérabilités connues.

Lors de l'accès aux services associés aux crypto-monnaies, l'utilisation de réseaux privés virtuels, ou VPN, permet une connexion à la fois cryptée et sécurisée. Cela protège les utilisateurs contre la possibilité d'écoutes clandestines et d'attaques de l'homme du milieu.

Il est absolument nécessaire que ceux qui souhaitent sécuriser leurs actifs numériques soient au courant des évolutions les plus récentes en matière de tendances et de menaces en matière de cybersécurité. Les individus ont la capacité de prendre des décisions qui sont dans leur meilleur intérêt et d'avoir une longueur d'avance sur les dangers potentiels lorsqu'ils suivent des sources crédibles qui fournissent des informations précises. Les individus ont la possibilité d'avoir un aperçu du développement des escroqueries et des techniques de piratage en s'engageant dans des forums communautaires et en participant à des discussions. Les individus peuvent acquérir des connaissances grâce aux expériences des autres en participant à des forums communautaires. Pour maintenir une bonne hygiène de sécurité, il est essentiel de maintenir un état d'apprentissage continu et de s'adapter à un paysage de menaces en constante évolution.

Dans le monde des crypto-monnaies, il faut absolument prendre des précautions contre les hacks et les arnaques. Les individus sont en mesure de protéger efficacement leurs actifs numériques s'ils maîtrisent parfaitement le paysage des risques, sécurisent leurs portefeuilles et leurs échanges, sont conscients des fraudes fréquentes, mettent en place des mesures de sécurité strictes et se tiennent informés. Il est important de maintenir vigilance et réactivité à tout moment, en modifiant les méthodes de sécurité en fonction de la nature changeante du paysage des menaces. Les individus peuvent naviguer avec succès dans le monde des crypto-monnaies en adoptant les meilleures pratiques et en s'engageant dans une formation continue. Cela garantira la sécurité et l'intégrité à long terme de leurs actifs numériques.

Considérations relatives à la confidentialité lors de l'utilisation de Bitcoin

La popularité croissante du Bitcoin en tant que monnaie numérique décentralisée et pseudonyme a donné lieu à des discussions sur la protection de la vie privée des individus dans la sphère numérique. Il est essentiel d'avoir une solide compréhension des différents problèmes de confidentialité qui entrent en jeu lors de l'utilisation d'une crypto-monnaie comme Bitcoin, malgré le fait que Bitcoin présente certains avantages en matière de confidentialité par rapport aux systèmes financiers traditionnels. Cette section étudie les implications de l'utilisation de Bitcoin sur la vie privée des utilisateurs, ainsi que la transparence de la blockchain, les menaces potentielles pour la vie privée des utilisateurs et les méthodes efficaces pour améliorer la confidentialité. Les individus sont en mesure de trouver un équilibre entre les avantages du Bitcoin et la protection de leur vie privée s'ils comprennent parfaitement ces facteurs et mettent en place les protections appropriées.

Les transactions Bitcoin sont pseudonymes, ce qui signifie qu'elles ne sont pas directement liées à l'identité des personnes effectuant les transactions. Au lieu de cela, chaque transaction est liée à une adresse cryptographique unique. Grâce à la séparation des données transactionnelles et des informations personnelles fournies par cette fonctionnalité, un niveau de confidentialité est assuré.

La blockchain fonctionne comme un grand livre public qui assure le suivi de toutes les transactions impliquant des Bitcoins. La transparence de la blockchain permet à quiconque d'accéder aux détails des transactions, y compris les adresses et les montants des transactions. Et ce, même si les identités des utilisateurs ne sont pas directement liées les unes aux autres. La protection complète de la vie privée est rendue plus difficile par l'existence d'une telle transparence.

La désanonymisation des adresses est un problème de confidentialité qui peut survenir lorsque des techniques telles que le regroupement d'adresses et l'analyse de réseau sont utilisées. Ces approches ont la capacité de révéler le lien qui existe entre les adresses Bitcoin et les identités réelles. Il existe d'autres risques pour la vie privée liés à la surveillance des réseaux et au suivi des adresses IP, qui peuvent tous deux compromettre l'anonymat des utilisateurs de Bitcoin. En outre, l'utilisation d'échanges centralisés de crypto monnaies, qui nécessitent souvent l'exécution de procédures KYC, peut exposer les informations personnelles identifiables au risque d'être compromises ou utilisées à mauvais escient.

Lorsqu'il s'agit d'utiliser Bitcoin, différentes bonnes pratiques peuvent être mises en œuvre. En utilisant diverses adresses pour diverses transactions, on peut contribuer à obscurcir les modèles de ces transactions et à réduire la possibilité de couplage d'adresses. L'historique des transactions peut être obscurci lors de l'utilisation des services de mélange et de tumbling de pièces, ce qui rend plus difficile le suivi des flux de fonds. La mise en œuvre des protocoles ConJoint permet à de nombreux utilisateurs de combiner leurs transactions individuelles en une seule transaction, ce qui améliore le niveau global d'anonymat des utilisateurs. Les portefeuilles axés sur la confidentialité, qui incluent des fonctionnalités telles que les portefeuilles HD, l'intégration Tor et Coin Control, offrent de meilleures fonctionnalités de confidentialité et protègent contre la réutilisation des adresses.

Davantage de protections de la vie privée sont disponibles pour les transactions Bitcoin en raison des récents progrès technologiques. Les transactions confidentielles utilisent le cryptage pour masquer les montants des transactions à toute personne susceptible de regarder par-dessus leur épaule. Les utilisateurs peuvent valider les transactions à l'aide de preuves sans connaissance sans divulguer aucune information sensible au réseau. CoinSwap et Lightning Network sont tous deux conçus pour améliorer la confidentialité et l'évolutivité en réduisant les besoins en transactions en chaîne tout en prenant en charge simultanément les transactions hors chaîne.

Si les individus doivent donner la priorité à la protection de leur vie privée, ils doivent également être conscients des obligations légales et réglementaires liées à l'utilisation des crypto-monnaies. Il devient de plus en plus important de respecter la législation tout en protégeant sa vie privée. Il est tout aussi important de trouver un équilibre entre la protection de la vie privée et la protection de la sécurité financière, étant donné qu'une protection accrue de la vie privée peut réduire la capacité d'une personne à récupérer les fonds perdus ou à prévenir des activités frauduleuses.

Lorsqu'il s'agit de protéger la confidentialité des informations personnelles, l'utilisation de Bitcoin nécessite une attention particulière aux problèmes de confidentialité. Les utilisateurs de Bitcoin doivent être conscients des dangers potentiels et mettre en œuvre les meilleures pratiques pour protéger leur vie privée, malgré le fait que la nature pseudonyme de Bitcoin confère certains avantages à la vie privée des utilisateurs. Les informations personnelles peuvent être protégées et les dangers associés à la liaison d'adresses et à la désanonymisation peuvent être réduits en adhérant à des habitudes respectueuses de la vie privée, en utilisant de nombreuses adresses e-mail, en utilisant des portefeuilles numériques et des technologies conçues dans un souci de confidentialité. Il est essentiel de trouver un équilibre approprié entre la protection de la vie privée des individus et le respect des réglementations applicables, tout en tenant compte des effets potentiels sur la stabilité financière. Les individus peuvent maximiser leur vie privée tout en profitant des avantages du réseau Bitcoin dans la sphère numérique s'ils comprennent ces considérations en matière de confidentialité et prennent les précautions appropriées. Cela est possible grâce à la nature décentralisée du réseau Bitcoin.

Anonymat contre transparence dans le réseau Bitcoin

Trouver l'équilibre idéal entre anonymat et transparence au sein du réseau est devenu une difficulté unique en raison de la croissance du Bitcoin et d'autres crypto-monnaies. L'ouverture de la blockchain soulève des inquiétudes quant au degré de confidentialité et à la nécessité de transparence dans un système financier décentralisé, même si Bitcoin accorde le pseudonyme et la confidentialité à ses utilisateurs. La dynamique de l'anonymat et de la transparence dans le réseau Bitcoin est examinée dans cette section, ainsi que leurs avantages et inconvénients, ainsi que les discussions en cours sur la confidentialité, la responsabilité et la conformité réglementaire. Les gens peuvent comprendre les implications et prendre des mesures éclairées concernant leur participation au réseau Bitcoin en comprenant ces principes.

Le fondement des transactions Bitcoin est le pseudonymat, ou l'idée qu'elles ne sont pas directement connectées aux personnes du monde réel. Les transactions sont plutôt liées à des adresses cryptographiques distinctes, ce qui offre une certaine mesure de confidentialité. Mais comme la blockchain est un registre public qui assure le suivi de toutes les transactions Bitcoin, n'importe qui peut voir toutes les informations sur les transactions, y compris les adresses et les montants des transactions. Cette ouverture garantit la responsabilité et prévient la fraude.

Dans le réseau Bitcoin, l'anonymat présente à la fois des avantages et des inconvénients. D'une part, la confidentialité financière est protégée, en gardant les informations financières des personnes privées des regards indiscrets. La possibilité d'usurpation d'identité ou d'attaques ciblées est diminuée par cette confidentialité. De plus, l'anonymat favorise la liberté d'expression, permettant aux individus d'effectuer des transactions financières sans se soucier des représailles ou de la censure. En plus de protéger la liberté et l'autonomie individuelles, l'anonymat peut servir à contrôler une surveillance excessive.

D'un autre côté, l'anonymat peut faciliter les opérations illégales telles que le blanchiment d'argent et les transactions commerciales illicites. Cela présente des difficultés pour les organismes de réglementation et d'application de la loi qui tentent de maintenir l'intégrité financière et de mettre fin aux activités illicites.

La transparence de la blockchain présente ses propres avantages et difficultés :

Au sein du réseau Bitcoin, la transparence garantit responsabilité et confiance. N'importe qui peut vérifier et auditer chaque transaction enregistrée sur la blockchain, créant ainsi un système de freins et contrepoids. Grâce à l'enregistrement chronologique des transactions, cette transparence évite également les doubles dépenses et préserve la sécurité du réseau Bitcoin. De plus, comme ils peuvent être suivis et identifiés, les comportements frauduleux sont découragés par les transactions enregistrées publiquement.

La transparence de la blockchain suscite cependant des inquiétudes quant à la divulgation de données financières privées. La vie privée des individus peut être violée par l'accessibilité publique des détails des transactions, les laissant ainsi exposés à des attaques ciblées ou à un accès non autorisé.

Plusieurs technologies améliorant la confidentialité ont évolué pour résoudre les difficultés posées par la transparence :

Les services de mélange et de tumbling des pièces de monnaie permettent de dissimuler l'historique des transactions, ce qui rend difficile la localisation de la provenance de l'argent. Les transactions confidentielles utilisent des méthodes cryptographiques pour crypter les montants des transactions, ajoutant ainsi une couche supplémentaire de confidentialité tout en préservant l'intégrité du réseau. Afin d'équilibrer confidentialité et ouverture, les preuves sans connaissance permettent la validation des transactions sans divulguer d'informations sensibles.

L'évolution de l'environnement réglementaire entourant les crypto-monnaies souligne la nécessité d'équilibrer les préoccupations en matière de confidentialité avec les exigences de transparence et de conformité réglementaire. Les gouvernements et les autorités de régulation s'efforcent de prévenir les activités illégales tout en défendant le

droit des personnes à la vie privée. L'anonymat et la prévention des délits financiers sont conciliés par les règles de lutte contre le blanchiment d'argent (AML). Comprendre ces perspectives permet aux gens de naviguer dans les systèmes juridiques et de respecter la législation. Différentes nations ont des points de vue différents sur la confidentialité et la transparence du réseau Bitcoin.

L'éducation est essentielle pour surmonter les difficultés de l'anonymat et de la transparence. Les utilisateurs de Bitcoin conscients des implications de l'anonymat et de la transparence sont mieux équipés pour prendre des décisions judicieuses et prendre les mesures appropriées pour protéger leur vie privée. En outre, les utilisateurs ont le devoir de faire preuve de prudence, de respecter la loi et la moralité, et de trouver un équilibre entre confidentialité et transparence lorsqu'ils interagissent avec le réseau Bitcoin.

Le délicat équilibre entre transparence et anonymat est démontré par le réseau Bitcoin. La confidentialité financière, la liberté d'expression et les restrictions de surveillance sont toutes rendues possibles grâce à l'anonymat. La responsabilité, la confiance et la prévention des comportements frauduleux sont toutes garanties par la transparence. Les technologies qui garantissent la confidentialité offrent des capacités permettant d'améliorer la confidentialité sans affecter l'intégrité du réseau. Un débat constant, des lois mises à jour et la responsabilité des utilisateurs sont nécessaires pour trouver l'équilibre idéal entre confidentialité et responsabilité. Les individus peuvent naviguer sur le réseau Bitcoin tout en tenant compte de leurs exigences en matière de confidentialité, de leur conformité réglementaire et des implications sociétales plus larges de l'environnement financier décentralisé en saisissant la dynamique de l'anonymat et de la transparence.

Chapitre VI : Trading et investissement Bitcoin

Comprendre la volatilité des prix du Bitcoin

La première crypto-monnaie, Bitcoin, a attiré l'attention de la communauté financière avec son étonnante volatilité des prix. Les investisseurs et les analystes ont été à la fois attirés et déconcertés par la nature imprévisible des changements de prix du Bitcoin. Cette section examinera l'idée de la volatilité des prix du Bitcoin, en examinant ses causes, ses effets sur l'adoption et ses implications pour les investisseurs et l'écosystème des crypto-monnaies dans son ensemble. Les gens peuvent porter des jugements éclairés et naviguer sur le marché imprévisible des crypto-monnaies en comprenant la dynamique de la volatilité des prix du Bitcoin.

Le terme « volatilité des prix du Bitcoin » décrit les changements rapides et significatifs de la valeur de la monnaie sur des périodes de temps très courtes. Des mesures statistiques telles que l'écart type et les indices de volatilité sont fréquemment utilisées pour quantifier cette volatilité. Au cours de son existence, le prix du Bitcoin a connu des fluctuations importantes, avec des périodes de croissance rapide et de dépréciation rapide.

Bitcoin est vulnérable à la dynamique du marché et aux échanges spéculatifs en raison de son volume de transactions important et de sa capitalisation boursière relativement faible. Les variations de prix à court terme peuvent être considérablement influencées par la manipulation du marché, le sentiment des investisseurs et l'actualité.

Le prix instable du Bitcoin est le résultat de sa quantité limitée et de sa nature décentralisée. L'équilibre délicat entre l'offre et la demande peut être affecté par l'évolution de la demande, des taux d'adoption, des évolutions réglementaires et des variables macroéconomiques, ce qui peut entraîner des fluctuations de prix.

Le Bitcoin manque de critères de valorisation fondamentaux généralement reconnus, contrairement aux actifs conventionnels comme les actions ou les obligations. Il est difficile d'estimer précisément sa valeur inhérente en son absence, ce qui accroît la volatilité des prix. L'incertitude quant à la véritable valeur du Bitcoin entraîne une spéculation accrue et des fluctuations de prix plus importantes.

Pour les investisseurs, la volatilité des prix du Bitcoin offre à la fois des opportunités et des menaces. En raison du potentiel de profits importants de la volatilité, elle attire les spéculateurs et les investisseurs qui aiment prendre des risques. Si elle n'est pas traitée avec précaution, elle expose également les investisseurs à des pertes importantes. Pour faire face à la volatilité et réduire les dangers potentiels, il est essentiel de mettre en œuvre des mesures de gestion des risques et d'adopter une approche d'investissement à long terme.

L'adoption du Bitcoin comme moyen d'échange ou réserve de valeur peut être entravée par la volatilité de ses prix. En raison de son impact potentiel sur les prix et la stabilité financière, les entreprises et les particuliers peuvent être réticents à adopter une monnaie aussi volatile. La stabilité et la prévisibilité sont nécessaires à une adoption généralisée et à une acceptabilité générale, mais elles sont difficiles à atteindre face à des fluctuations excessives des prix.

En raison de la volatilité inhérente à son prix, la manipulation du marché et d'autres pratiques frauduleuses sont rendues possibles. Les mouvements de prix peuvent être utilisés à des fins personnelles grâce à des techniques de manipulation, notamment des escroqueries de type «pump-and-dump» et de fausses nouvelles. Les régulateurs s'en inquiètent, ce qui souligne la nécessité de cadres réglementaires solides pour protéger les investisseurs et préserver l'intégrité du marché.

L'état naissant du marché des crypto-monnaies se reflète en partie dans la volatilité du prix du Bitcoin. Des infrastructures améliorées, des réglementations plus transparentes et une liquidité plus élevée peuvent tous réduire la volatilité à mesure que le marché vieillit. Une plus grande stabilité du marché peut résulter de la participation des investisseurs institutionnels, de la création de dérivés Bitcoin et de la formation d'échanges dignes de confiance.

En utilisant des instruments financiers tels que des contrats à terme et des options, les investisseurs peuvent réduire leur exposition aux dangers provoqués par les fluctuations des prix du Bitcoin. Les acteurs du marché peuvent couvrir leurs positions et se prémunir contre les variations de prix défavorables à l'aide de ces instr uments.

Les Stable Coins, ou monnaies numériques adossées à des actifs fiables comme la monnaie fiduciaire, cherchent à stabiliser le marché des cryptomonnaies et à réduire la volatilité. Les Stable Coins offrent un moyen d'effectuer des transactions sans être exposé aux fluctuations de prix des crypto-monnaies comme le Bitcoin en offrant une valeur constante.

L'impact de la volatilité des prix du Bitcoin sur le portefeuille d'un investisseur peut être réduit en diversifiant ses actifs sur plusieurs classes d'actifs et en mettant en œuvre des techniques de gestion des risques. Les gens peuvent réduire les effets négatifs potentiels de la volatilité du Bitcoin sur leur richesse globale en répartissant les risques et en répartissant les actifs entre différents véhicules d'investissement.

Une liquidité accrue, une certitude réglementaire et une adoption institutionnelle pourraient contribuer à réduire la volatilité des prix à mesure que le marché du Bitcoin se développe et mûrit. Les investisseurs institutionnels peuvent être attirés et l'acceptation populaire peut être favorisée par des cadres réglementaires qui protègent les investisseurs et améliorent la stabilité du marché.

L'implication d'investisseurs institutionnels et la création d'échanges de crypto-monnaies solides peuvent fournir des liquidités, ce qui peut contribuer à maintenir la stabilité du prix du Bitcoin. Une plus grande liquidité améliore l'efficacité de la tarification et atténue l'effet des transactions individuelles sur le marché dans son ensemble.

Le développement de modèles d'évaluation fiables et de mesures fondamentales propres aux crypto-monnaies peut contribuer à une compréhension plus approfondie de la valeur intrinsèque du Bitcoin. Les acteurs du marché peuvent prendre des décisions d'investissement plus éclairées et potentiellement réduire la volatilité des prix en créant des procédures explicites permettant de déterminer la valeur du Bitcoin et des autres crypto-monnaies.

Le prix volatil du Bitcoin continue d'être sa particularité. Même si cela offre des chances de récompenses substantielles, il existe également des risques ainsi que des défis pour les cadres réglementaires et d'adoption. Pour les investisseurs, les acteurs du marché et les régulateurs, il est crucial de comprendre les causes de la volatilité des prix et ses effets. Le développement de modèles de valorisation, la maturation du marché et les stratégies d'atténuation peuvent tous contribuer à créer un environnement Bitcoin plus sûr et plus robuste. Les individus peuvent faire face à la volatilité des prix du Bitcoin et contribuer à l'expansion et à la durabilité du secteur des crypto-monnaies en acceptant la volatilité inhérente, en utilisant la gestion des risques et en maintenant une vision à long terme.

Différentes approches pour trader le Bitcoin

La première crypto-monnaie décentralisée au monde, Bitcoin, a complètement changé le secteur financier et a donné aux investisseurs l'accès à de nouvelles options de trading passionnantes. Cependant, en raison de l'extrême volatilité du Bitcoin, les transactions doivent être effectuées avec prudence. Cette section abordera diverses stratégies de trading pour Bitcoin, telles que le day trading, le swing trading et l'investissement à long terme. Pour doter les gens des connaissances dont ils ont besoin pour prendre des décisions judicieuses et traverser avec succès les subtilités du trading Bitcoin, nous examinerons les stratégies, les méthodes et les facteurs liés à chaque stratégie.

Le day trading est un type d'investissement qui consiste à acheter et à vendre un actif au cours du même jour de bourse afin de profiter de petits changements de prix qui se produisent fréquemment mais seulement pendant une courte période de temps. L'analyse technique, les stratégies de scalping et les ordres stop loss sont utilisés par les traders pour prendre des décisions rapides et verrouiller les gains. Pour limiter les pertes potentielles, le day trading nécessite une surveillance active et une gestion méthodique des risques.

Le swing trading cible les bénéfices des tendances à court et moyen terme en se concentrant sur les fluctuations de prix à moyen terme. Pour déterminer les positions d'entrée et de sortie, les traders utilisent l'analyse technique, des stratégies de suivi de tendance et des niveaux de support et de résistance. Pour optimiser les profits potentiels, le swing trading nécessite de la patience, une gestion stricte des positions et le respect d'une stratégie de trading.

Détenir Bitcoin pendant des périodes plus longues est considéré comme un investissement à long terme en raison de la conviction que sa valeur augmentera avec le temps. Les décisions d'investissement à long terme sont guidées par une analyse fondamentale, qui comprend les taux d'adoption, les évolutions réglementaires et les considérations macroéconomiques. La stratégie HOLDing et la moyenne des coûts en dollars réduisent la volatilité des prix à court terme tout en maximisant l'utilité à long terme du Bitcoin.

Selon l'état du marché, de nombreux traders utilisent des stratégies hybrides, intégrant des composants de plusieurs systèmes. Lors de la sélection d'une stratégie, l'évaluation des risques et celle des récompenses sont des facteurs cruciaux à prendre en compte, car les approches à risque plus élevé peuvent produire des profits plus importants mais expose également les traders à des pertes importantes. Pour réussir dans le secteur concurrentiel du Bitcoin, il faut apprendre constamment, se tenir au courant des évolutions du secteur et s'adapter.

Il existe plusieurs façons d'échanger du Bitcoin, et chacune a son propre ensemble de préoccupations, de stratégies et de techniques. Le swing trading capte les tendances intermédiaires, tandis que le day trading vous permet de profiter des variations de prix à court terme. L'investissement à long terme se concentre sur la croissance potentielle de la valeur future du Bitcoin. Lorsqu'ils choisissent leur stratégie préférée, les traders doivent prendre en compte des aspects tels que le temps consacré, la gestion des risques, l'analyse du marché et le contrôle émotionnel. La clé pour surmonter la complexité du trading Bitcoin est de combiner des stratégies et d'apprendre et de s'adapter continuellement. Les individus peuvent faire des choix éclairés et participer en toute confiance au monde dynamique du trading Bitcoin en comprenant les différentes méthodes ainsi que les techniques et préoccupations qui les accompagnent.

Stratégies d'investissement à long terme

Une monnaie numérique dotée d'un potentiel d'investissement substantiel à long terme a émergé : le Bitcoin. Même si le trading à court terme peut être rentable, la poursuite d'une stratégie d'investissement à long terme permet aux gens de bénéficier de la croissance future du Bitcoin et de s'assurer une part sur le marché en développement des crypto-monnaies. Cette section examinera diverses techniques d'investissement Bitcoin à long terme, en soulignant leurs avantages, les facteurs à prendre en compte et les préoccupations potentielles. Les investisseurs peuvent négocier l'environnement volatil du marché Bitcoin et se mettre en position de réussir à long terme en étant conscients de ces stratégies.

Détenir un actif d'investissement pendant une longue période tout en mettant moins l'accent sur les fluctuations de prix à court terme et davantage sur le potentiel de croissance globale de l'actif. Cela implique de prendre en compte les éléments qui affectent la viabilité à long terme du Bitcoin, notamment les tendances du marché, l'analyse fondamentale, les progrès technologiques, les taux d'adoption et les modifications législatives.

Les individus doivent effectuer une analyse fondamentale et étudier le Bitcoin afin de faire des choix d'investissement éclairés. Cette analyse implique d'évaluer les principes sous-jacents de Bitcoin, notamment sa technologie, sa communauté, ses taux d'adoption et ses cas d'utilisation potentiels. Les investisseurs peuvent évaluer la viabilité à long terme et le potentiel de croissance du Bitcoin en tant qu'actif d'investissement en étant conscients de ces variables. Acquérir des connaissances sur les possibilités futures du Bitcoin nécessite également des recherches sur les modèles de marché, l'attitude des investisseurs, les changements réglementaires et les problèmes macroéconomiques.

La méthode d'investissement à long terme très appréciée qui atténue l'impact des variations de prix à court terme est la moyenne des coûts en dollars (DCA). Cela implique d'investir systématiquement une somme d'argent spécifique dans Bitcoin à des intervalles prédéterminés, quel que soit le prix sur le marché libre. Les investisseurs peuvent accumuler du Bitcoin au fil du temps et profiter du développement potentiel de l'actif en respectant un calendrier d'investissement régulier. Cependant, lorsqu'ils utilisent le DCA comme stratégie d'investissement à long terme, les investisseurs doivent prendre en compte les coûts de transaction, le temps et l'orientation générale du prix du Bitcoin.

Indépendamment des fluctuations de prix à court terme, l'approche d'achat et de conservation consiste à acheter du Bitcoin dans le but de le conserver pendant une longue période. Cette stratégie repose sur la conviction que Bitcoin a un potentiel de croissance à long terme et peut surpasser les actifs d'investissement conventionnels. Les investisseurs peuvent réduire les coûts de transaction, prendre des décisions d'investissement plus simples et bénéficier de la croissance potentielle à long terme du Bitcoin en utilisant une stratégie d'achat et de conservation. Les investisseurs doivent cependant examiner attentivement les perspectives à long terme du Bitcoin, gérer les dangers et surveiller de près les événements du marché.

Toute stratégie d'investissement à long terme, y compris Bitcoin, doit inclure la diversification. Les investisseurs peuvent réduire le risque lié à n'importe quel investissement en répartissant leurs investissements sur diverses classes d'actifs. La diversification du Bitcoin réduit le risque total tout en donnant accès à sa croissance future. Les procédures de gestion des risques doivent inclure des examens de routine du portefeuille, des évaluations des risques et un rééquilibrage des avoirs. Les investisseurs peuvent contrôler avec succès les risques négatifs et protéger leur argent en maintenant une allocation d'actifs correcte.

La patience et le courage émotionnel sont nécessaires pour investir à long terme. Le caractère volatil du Bitcoin et les changements du marché peuvent mettre la détermination des investisseurs à l'épreuve. Les personnes qui veulent réussir doivent garder une perspective à long terme, se concentrer sur les fondamentaux et s'abstenir d'agir de manière émotionnelle en réponse aux fluctuations du marché à court terme. Les investisseurs peuvent résister aux ralentissements des marchés et éviter les mouvements impulsifs qui pourraient nuire à la performance financière à long terme en restant patients et résilients.

Les conseillers financiers qui se concentrent sur l'investissement en crypto-monnaie peuvent être utiles aux investisseurs. Ces consultants peuvent offrir des conseils judicieux et un soutien dans la coordination des plans d'investissement à long terme avec les objectifs monétaires, la tolérance au risque et l'ensemble des portefeuilles d'investissement. Lors du choix des plateformes d'investissement, des services de garde et des produits liés au Bitcoin, des recherches approfondies sont également essentielles. Les risques liés à l'investissement dans Bitcoin peuvent être réduits en effectuant des recherches sur des échanges fiables, en comprenant les mesures de sécurité et en tenant compte de la conformité réglementaire.

Les plans d'investissement à long terme dans le Bitcoin donnent aux gens la possibilité de profiter de la croissance potentielle et d'obtenir une part dans le secteur en développement des crypto-monnaies. Les investisseurs peuvent se préparer au succès à long terme en s'engageant dans des études de base, en adoptant des méthodes telles que la moyenne des coûts et l'achat et la conservation, en diversifiant leurs portefeuilles, en minimisant les risques, en restant patients et en obtenant l'assistance d'un professionnel. Bien qu'investir dans Bitcoin comporte certains risques, avec une réflexion approfondie, des recherches et une approche disciplinée, on peut réussir à naviguer dans le paysage d'investissement en constante évolution des cryptomonnaies et à réaliser le potentiel à long terme du Bitcoin en tant que classe d'actifs valorisée. Les particuliers peuvent participer à la révolution numérique en cours et éventuellement profiter de la croissance et de l'adoption continue du Bitcoin en adoptant une attitude d'investissement à long terme.

Gérer les risques et éviter les pièges courants

Le monde de la finance numérique regorge de potentiels intéressants pour investir dans le Bitcoin. Il est cependant crucial de comprendre que cette énorme promesse comporte également des risques inhérents. Cette section examinera plusieurs techniques de gestion des risques et les problèmes courants d'investissement Bitcoin. Les investisseurs peuvent protéger leurs investissements Bitcoin et naviguer dans le caractère dynamique et parfois volatil du marché des crypto-monnaies en mettant en place de bonnes mesures de gestion des risques et en restant vigilants.

Les investissements dans le bitcoin comportent certains risques qui doivent être soigneusement étudiés. La volatilité du marché et les changements de prix rendent le Bitcoin unique. Les investisseurs doivent être prêts à assumer le risque inhérent induit par ces fluctuations de prix. De plus, les investisseurs sont vulnérables aux manipulations de marché et aux activités frauduleuses en raison de la structure non réglementée du marché des crypto-monnaies. La prudence et la surveillance sont donc de mise.

Prendre des décisions éclairées est essentiel pour gérer les risques avec succès. Les investisseurs doivent entreprendre des recherches approfondies sur Bitcoin, comprenant sa technologie, sa communauté, ses taux d'adoption et ses menaces potentielles. Il est important de se tenir au courant des innovations, des changements législatifs et des tendances du secteur les plus récentes. Pour trouver des projets réputés et prévenir les fraudes, il est essentiel de faire preuve de diligence raisonnable sur les opportunités d'investissement potentielles, telles que les offres initiales de pièces (ICO) ou les altcoins.

Il est crucial d'établir des objectifs d'investissement basés sur des objectifs financiers individuels et des horizons temporels. La bonne stratégie d'investissement est déterminée en faisant correspondre les objectifs d'investissement avec la tolérance au risque, que l'objectif soit la croissance à long terme, la préservation du capital ou l'expansion du patrimoine. Les investisseurs peuvent choisir des stratégies qui correspondent à leur niveau de confort en évaluant leur tolérance au risque tout en tenant compte d'aspects tels que la stabilité financière, l'expérience d'investissement et la résilience émotionnelle.

Pour tout portefeuille d'investissements, y compris Bitcoin, la diversification est une stratégie cruciale de gestion des risques. Les risques associés à tout investissement peuvent être réduits en diversifiant les actifs dans d'autres classes d'actifs, notamment le Bitcoin et les investissements conventionnels. La diversification augmente la possibilité de rendements stables tout en réduisant l'exposition à la volatilité d'un seul actif. Il est important de prendre en compte les conditions du marché, la tolérance au risque et les objectifs d'investissement lors du choix de la bonne allocation d'actifs.

Les investisseurs doivent utiliser des techniques de gestion des risques spécifiques à leur profil d'investissement afin de contrôler correctement les risques. Les investisseurs peuvent minimiser leurs pertes potentielles en cas de ralentissement du marché en utilisant des ordres stop-loss pour définir des niveaux de prix spécifiés auxquels ils vendraient leurs avoirs en Bitcoin. Le maintien de la répartition d'actifs cible et l'adaptation aux conditions changeantes du marché sont facilités par l'évaluation et le rééquilibrage réguliers des portefeuilles d'investissement.

Il est essentiel de protéger vos avoirs Bitcoin contre le vol et les pirates. Les précautions de sécurité importantes incluent la mise en œuvre de portefeuilles sécurisés, l'utilisation de l'authentification multifacteur et la conservation de copies de sauvegarde des données du portefeuille. La protection est renforcée en suivant les procédures recommandées pour la sécurité en ligne, telles que la création de mots de passe forts, l'activation de l'authentification à deux facteurs et la surveillance des tentatives de phishing. Les mises à jour régulières des logiciels et la connaissance des problèmes actuels de cybersécurité ajoutent un niveau de protection supplémentaire.

Une gestion efficace des risques nécessite une surveillance constante des tendances du marché, des évolutions législatives et de l'actualité du secteur. Pour faire des choix judicieux, les investisseurs doivent lire des sources d'information fiables, interagir avec la communauté Bitcoin et garder un œil sur les indications du marché. Éviter les décisions impulsives motivées par les fluctuations des prix à court terme nécessite de la discipline émotionnelle et de la patience.

Les conseillers financiers qui se concentrent sur l'investissement en crypto-monnaie doivent être consultés pour obtenir des conseils judicieux. Des consultants experts offrent des informations sur le secteur, facilitent l'évaluation du profil de risque et créent des plans de gestion des risques individualisés. Les discussions avec des investisseurs chevronnés, la participation à des forums et l'interaction avec la communauté Bitcoin favorisent l'apprentissage et le soutien mutuels.

La réussite des investissements Bitcoin dépend de la gestion des risques et de l'évitement des erreurs typiques. Les investisseurs peuvent protéger leurs investissements Bitcoin et naviguer sur le marché dynamique des crypto-monnaies avec plus de confiance en effectuant des recherches approfondies, en fixant des objectifs d'investissement clairs, en diversifiant les portefeuilles, en mettant en œuvre des stratégies de gestion des risques, en donnant la priorité aux mesures de sécurité, en restant informés et en recherchant des conseils professionnels. Les gens peuvent maximiser les avantages du Bitcoin tout en limitant les inconvénients potentiels en utilisant des méthodes judicieuses et diligentes. Les investisseurs peuvent se positionner pour réussir à long terme dans le monde fascinant des investissements Bitcoin en adoptant une approche proactive de la gestion des risques.

Chapitre VII : Réglementation Bitcoin et considérations juridiques

Aperçu des réglementations Bitcoin dans le monde

La première crypto-monnaie, Bitcoin, a révolutionné la finance traditionnelle et est désormais largement utilisée dans le monde entier. Étant donné que Bitcoin est une monnaie numérique opérant à l'échelle internationale, les gouvernements et les agences de réglementation du monde entier ont créé des cadres pour contrôler son utilisation. Cette section donnera un aperçu global des lois Bitcoin et explorera les différentes positions adoptées par divers pays et régions. Nous examinerons la justification des mesures réglementaires, les éléments essentiels des cadres réglementaires, ainsi que les défis et les opportunités qu'ils présentent. Les particuliers et les entreprises peuvent négocier la complexité des transactions Bitcoin en toute confiance et en toute conformité en étant conscients de l'évolution du paysage réglementaire.

En s'attaquant aux menaces telles que la fraude, le piratage et les stratagèmes de Ponzi liés au Bitcoin et à d'autres crypto-monnaies, les régulateurs cherchent à protéger les consommateurs. Les réglementations contribuent à protéger les consommateurs contre les pertes potentielles et à renforcer la confiance dans l'échange d'actifs numériques.

Étant donné que Bitcoin est pseudonyme, des questions se posent quant à la manière dont il pourrait être utilisé à des fins illégales. En appliquant des restrictions de lutte contre le blanchiment d'argent (AML) et le financement du terrorisme (CTF) aux bourses Bitcoin et aux fournisseurs de services, les régulateurs visent à prévenir le blanchiment d'argent, le financement du terrorisme et d'autres activités illicites.

Les régulateurs surveillent les risques posés par Bitcoin afin d'assurer la stabilité financière compte tenu de l'influence potentielle de la cryptomonnaie sur les institutions bancaires conventionnelles. Ils pourraient décider de mettre en œuvre des réglementations afin de lutter contre les risques systémiques, les manipulations de marché et la spéculation excessive.

Certains pays ont pris la décision d'interdire ou de limiter sévèrement l'utilisation du Bitcoin et d'autres crypto-monnaies. L'interdiction peut être une réponse aux inquiétudes concernant la fuite des capitaux, à un manque de réglementation du système financier ou à une perception de dangers pour la sécurité nationale. Toutefois, une interdiction pure et simple peut favoriser les économies souterraines et entraver l'innovation.

De nombreuses juridictions ont choisi de traiter le Bitcoin comme un actif ou une marchandise numérique et de lui accorder une reconnaissance juridique. Cette stratégie accepte la réalité des crypto-monnaies tout en les soumettant à certaines lois comme la fiscalité, la protection des consommateurs et les procédures de lutte contre le blanchiment d'argent.

Les régulateurs de nombreux pays exigent que les bourses Bitcoin et les fournisseurs de services s'enregistrent auprès des autorités compétentes ou obtiennent des licences. Ces mesures visent à garantir le respect des exigences légales, à encourager la transparence et à réduire les dangers liés à l'écosystème des crypto-monnaies.

Certains pays ont créé des « bacs à sable » réglementaires qui permettent aux entrepreneurs et aux entreprises du secteur des crypto-monnaies de fonctionner avec des réglementations plus souples. Les bacs à sable offrent un cadre contrôlé pour l'innovation et l'expérimentation tout en garantissant la protection des consommateurs et en réduisant les risques.

Les exigences de connaissance de votre client (KYC) et AML sont fréquemment imposées aux bourses Bitcoin et aux fournisseurs de services par la réglementation. Vérifier l'identité des clients et mettre en place des politiques pour prévenir le blanchiment d'argent et le financement du terrorisme sont deux de ces besoins.

Des exigences spécifiques en matière de licence ou d'enregistrement pour les entreprises liées au Bitcoin peuvent être définies dans les cadres réglementaires. Ces processus impliquent de répondre à des exigences particulières, de prouver le respect des exigences légales et de maintenir l'ouverture opérationnelle.

La taxation du Bitcoin et des autres crypto-monnaies est désormais un sujet de discussion parmi les gouvernements du monde entier. Les crypto-monnaies peuvent être traitées comme des actifs soumis à l'impôt sur les plus-values, à la TVA transactionnelle ou à d'autres responsabilités fiscales en vertu de la législation fiscale.

Les régulateurs peuvent imposer des exigences de déclaration et de divulgation aux bourses Bitcoin et aux fournisseurs de services. Ces engagements incluent la divulgation d'informations sur les transactions, la fourniture de rapports financiers cohérents et la participation aux audits réglementaires.

Il existe diverses approches et interprétations selon les pays, créant un environnement réglementaire mondial fragmenté pour le Bitcoin. Cette fragmentation présente des difficultés pour les sociétés multinationales et pourrait empêcher Bitcoin de s'intégrer en douceur dans le système financier mondial.

Le problème pour les régulateurs est de suivre l'évolution rapide de la technologie dans le secteur des crypto-monnaies. Il faut une compréhension approfondie de la technologie et de ses implications potentielles pour trouver un équilibre entre la promotion de l'innovation et la protection des clients.

En raison du caractère mondial du Bitcoin, les problèmes réglementaires doivent être résolus avec succès grâce à une collaboration réglementaire internationale. Le partage des meilleures pratiques, l'harmonisation des lois et la création de cadres uniformes peuvent tous être facilités par la collaboration.

Alors que les gouvernements et les agences de réglementation luttent contre les avantages et les problèmes posés par les crypto-monnaies, les réglementations Bitcoin dans le monde continuent de changer. Bien qu'il existe de nombreuses raisons de réglementer, de la stabilité financière à la protection des consommateurs, les méthodes utilisées par les différents pays varient considérablement. Pour les individus et les organisations effectuant des transactions Bitcoin, il est essentiel de comprendre les éléments fondamentaux des cadres réglementaires, notamment les réglementations KYC et AML, les procédures de licence, la fiscalité et les exigences en matière de reporting. Il est essentiel de suivre les changements réglementaires dans certaines juridictions et, si nécessaire, de rechercher des conseils juridiques et de conformité. Les individus et les organisations peuvent tirer parti des promesses du Bitcoin tout en garantissant le respect des lois régionales et des normes internationales en naviguant dans un paysage réglementaire en constante évolution avec sensibilisation, adaptation et conformité.

Implications fiscales des transactions Bitcoin

La première crypto monnaie, Bitcoin, a révolutionné le monde financier en offrant aux utilisateurs une monnaie numérique décentralisée et internationale. Les implications fiscales de l'utilisation du Bitcoin doivent cependant être comprises, à mesure qu'il devient de plus en plus populaire. Les implications et considérations fiscales des transactions Bitcoin seront abordées dans cette section. Des sujets clés tels que l'impôt sur le revenu, l'impôt sur les plus-values, les exigences de déclaration et la fiscalité étrangère seront abordés en profondeur. Les particuliers et les organisations peuvent gérer la complexité des taxes et garantir le respect des réglementations fiscales pertinentes en acquérant une connaissance approfondie de l'environnement fiscal entourant Bitcoin.

Le Bitcoin et les autres crypto-monnaies sont généralement traités comme une propriété plutôt que comme une monnaie par les autorités fiscales du monde entier. Cette classification a des implications fiscales importantes car elle oblige les gens à déclarer les gains ou les pertes résultant des transactions Bitcoin.

L'achat ou la vente de Bitcoin contre de la monnaie fiduciaire, l'échange de Bitcoin contre des biens ou des services, l'obtention de Bitcoin comme moyen de paiement, l'extraction de Bitcoin et d'autres transactions Bitcoin peuvent tous donner lieu à des événements imposables. En fonction de la réglementation fiscale de la juridiction concernée, chaque événement pourrait avoir un impact fiscal différent.

L'impôt sur le revenu est applicable aux bénéfices miniers Bitcoin. La valeur de chaque bitcoin extrait doit être déclarée par les mineurs comme revenu imposable au moment de la réception. En outre, de nombreux coûts liés à l'exploitation minière, notamment ceux liés à l'électricité et à l'équipement, peuvent être déductibles d'impôt.

Le Bitcoin est considéré comme un revenu imposable lorsqu'il est utilisé pour payer des biens ou des services. À des fins fiscales, le destinataire doit inclure dans son revenu la juste valeur marchande du Bitcoin qu'il a reçu au moment de la transaction.

Lesimpôtssurlesplus-values s'appliquentàtoutgainouperterésultantdel'achatet de la vente de Bitcoin. La durée de détention et le but de la transaction influencent tous deux le traitement fiscal. Pour les Bitcoins détenus depuis moins d'un an, les plus-values àcourttermesontnormalementimposéesàdestauxplusélevésqueles plus-values àlongterme,quibénéficientdetauxd'impositionplusfaibles.

Le calcul des gains ou des pertes en capital nécessite de connaître la base de coût du Bitcoin. Il est essentiel de conserver des registres précis, y compris des preuves des dates, des coûts et des frais associés aux achats. La base de coût peut être établie de plusieurs manières, notamment par le FIFO (First-In-First-Out) ou par une identification particulière.

Les autorités fiscales exigent que les gens enregistrent les transactions Bitcoin dépassant un montant particulier. La valeur du Bitcoin conservé à la fin de l'année fiscale, ainsi que la vente du Bitcoin et du Bitcoin reçu en paiement, doivent toutes être déclarées.

Aux États-Unis, les bourses Bitcoin et les processeurs de paiement sont tenus de fournir le formulaire 1099-K aux clients qui répondent à certains critères de transaction. Le montant brut des transactions Bitcoin est déclaré sur le formulaire 1099-K, fournissant des données qui doivent être déclarées sur la déclaration de revenus du contribuable.

Le fait que Bitcoin n'ait pas de frontières géographiques rend difficile pour les autorités fiscales de vérifier les réglementations fiscales pertinentes. Lorsqu'ils effectuent des transactions Bitcoin transfrontalières, les particuliers doivent prendre

en
compte les implications fiscales à la fois dans leur juridiction d'origine et dans celle de la contrepartie.

Les conventions fiscales entre pays peuvent avoir un effet sur la manière dont les transactions Bitcoin sont imposées en définissant la manière dont l'autorité fiscale doit être répartie et éventuellement en évitant la double imposition. De plus, lors de transactions Bitcoin internationales, les personnes peuvent être soumises à des exigences de déclaration telles que la Common Reporting Standard (CRS) ou les Foreign Bank Account Reports (FBAR).

Compte tenu de la complexité de la fiscalité du Bitcoin, il est fortement conseillé de consulter des fiscalistes également compétents en crypto-monnaies. Comprendre les exigences fiscales précises, optimiser les déductions autorisées et maintenir le respect des règles fiscales sont tous facilités avec l'aide de professionnels de la fiscalité.

Pour la conformité fiscale, il est essentiel de conserver des enregistrements détaillés de toutes les transactions Bitcoin, y compris les factures d'achat et de vente, les résumés des transactions et les données de base des coûts. La tenue de registres précis peut faciliter la déclaration de revenus et soutenir toute réclamation ou déduction.

Comprendre les implications fiscales des transactions Bitcoin est crucial tant pour les particuliers que pour les entreprises à mesure que la crypto-monnaie gagne en popularité. Le statut de propriété du Bitcoin et son large éventail d'événements imposables compliquent la planification et la déclaration fiscales. Il est important de négocier correctement les questions telles que l'impôt sur le revenu sur l'extraction et lepaiementdeBitcoin,l'impôtsurlesplus-values surl'achatetlaventedeBitcoin,les obligations de déclaration et les implications fiscales mondiales. Une gestion efficace des obligations fiscales Bitcoin nécessite de demander des conseils professionnels, de tenir des registres détaillés et de s'assurer que toutes les lois fiscales applicables sont respectées. Les particuliers et les organisations peuvent facilement s'engager dans des transactions Bitcoin tout en satisfaisant leurs obligations fiscales et en tirant parti des avantages de la possession de monnaie numérique en comprenant le paysage fiscal et en mettant en œuvre des procédures fiscales appropriées.

Défis juridiques et controverses autour du Bitcoin

La première monnaie numérique décentralisée au monde, Bitcoin, a transformé le secteur financier et suscité un intérêt considérable dans les médias. Bitcoin, cependant, se heurte à un certain nombre de défis juridiques et de controverses à mesure qu'il continue de gagner en popularité. Nous explorerons les complications juridiques du Bitcoin dans cette section, notamment l'ambiguïté réglementaire, les inquiétudes concernant le blanchiment d'argent, les problèmes fiscaux et son lien avec des activités illégales. Nous cherchons à faire la lumière sur l'évolution du paysage juridique du Bitcoin et ses implications pour les individus, les entreprises et les gouvernements en analysant ces défis et conflits.

En raison de ses caractéristiques distinctives, les gouvernements et les organismes de réglementation ont du mal à catégoriser le Bitcoin. La position juridique et réglementaire du Bitcoin dépend de la question de savoir s'il doit être traité comme une monnaie, une marchandise ou un actif numérique.

Les différentes positions réglementaires adoptées à l'égard du Bitcoin dans le monde ont laissé le système juridique fragmenté. Pour les particuliers et les entreprises qui opèrent au-delà des frontières, le manque d'uniformité présente des difficultés, compliquant la conformité et soulevant des questions juridiques.

Étant donné que Bitcoin est un pseudonyme, des questions se posent quant à la manière dont il peut être utilisé à des fins d'activités illégales et de blanchiment d'argent. Selon les détracteurs, l'anonymat des transactions Bitcoin attire les criminels cherchant à blanchir de l'argent ou à effectuer des transactions illégales.

Pour lutter contre les risques de blanchiment d'argent liés aux cryptomonnaies, les gouvernements du monde entier ont mis en place des réglementations Know Your Customer (KYC) et anti-blanchiment d'argent (AML). Selon ces réglementations, les entreprises et les bourses doivent enquêter sur leurs clients et signaler toute transaction douteuse.

Il y a des implications fiscales si le Bitcoin est classé comme propriété plutôt que comme monnaie. Le traitement fiscal approprié, y compris l'impôt sur les plus-values, l'impôt sur le revenu minier et les exigences de déclaration, constitue un problème pour les autorités fiscales de nombreuses juridictions.

La nature décentralisée du Bitcoin rend difficile pour les autorités fiscales de déterminer les implications fiscales des transactions internationales. La complexité de la fiscalité du Bitcoin dans un contexte mondial est toujours abordée par le biais de conventions fiscales et de systèmes fiscaux internationaux.

Les systèmes juridiques sont confrontés à des litiges juridiques résultant de transactions Bitcoin, tels que des ruptures de contrat ou des fraudes. En raison de la nature internationale des transactions Bitcoin, établir la juridiction, faire respecter les contrats et récupérer les actifs en cas de litige peut s'avérer difficile.

De plus en plus de mesures d'application de la réglementation sont prises contre les stratagèmes trompeurs, les bourses non enregistrées et les entreprises non conformes. Bien que ces mesures visent à protéger les consommateurs et à préserver l'intégrité du marché, elles soulèvent également des inquiétudes quant aux limites du pouvoir réglementaire et à une éventuelle portée excessive de la réglementation.

La blockchain, la technologie qui sous-tend le Bitcoin, a le potentiel de révolutionner de nombreux autres secteurs. Cependant, les cadres juridiques ont eu du mal à suivre le développement rapide de la blockchain, ce qui a suscité des inquiétudes concernant les droits de propriété intellectuelle, la confidentialité des données et le caractère exécutoire des contrats intelligents.

Les offres initiales de pièces de monnaie (ICI), une sorte de collecte de fonds impliquant l'émission de jetons numériques, ont fait l'objet d'une attention juridique en raison d'inquiétudes concernant la protection des investisseurs et la législation en matière de valeurs mobilières. Déterminer quand les jetons doivent être classés comme titres et soumis aux cadres réglementaires actuels s'est avéré difficile pour les régulateurs.

Les investisseurs courent des risques en raison de la volatilité du prix du Bitcoin et de la possibilité de manipulations de marché. En sensibilisant les investisseurs et en informant le public sur les risques associés à l'investissement dans les crypto-monnaies, les gouvernements et les autorités visent à protéger les consommateurs.

Parce que Bitcoin est décentralisé et largement non réglementé, il a favorisé une atmosphère propice à la fraude et aux pratiques commerciales louches. Ciblant les personnes crédules, des systèmes pyramidaux, des escroqueries par phishing et de fausses offres initiales de pièces de monnaie ont fait surface. La sécurité publique dépend de l'éducation des clients et de la mise en œuvre de lois antifraude.

L'introduction du Bitcoin a perturbé les structures bancaires établies et provoqué diverses controverses et défis juridiques. L'environnement juridique entourant Bitcoin est en constante évolution en raison de l'incertitude réglementaire, des préoccupations concernant le blanchiment d'argent et d'autres activités illégales, des défis fiscaux, des batailles juridiques et des préoccupations en matière de protection des investisseurs. Trouver les bonnes solutions et trouver un équilibre entre l'innovation, la protection des consommateurs et la préservation de l'intégrité des marchés financiers constitue un défi pour les gouvernements, les régulateurs et les systèmes juridiques. Les décideurs politiques peuvent créer des cadres réglementaires solides qui encouragent l'innovation tout en préservant l'intérêt public en négociant ces questions juridiques. Pour gérer avec succès l'environnement juridique entourant Bitcoin, les individus et les organisations doivent être informés de l'évolution des exigences légales, obtenir un conseil juridique si nécessaire et se conformer aux obligations de conformité.

Perspectives futures de la réglementation Bitcoin

La crypto-monnaie révolutionnaire Bitcoin a perturbé les systèmes financiers établis et généré un débat sur la nécessité de cadres réglementaires à l'échelle mondiale. Les perspectives d'avenir en matière de réglementation du Bitcoin continuent de susciter un intérêt considérable alors que les gouvernements et les agences de réglementation sont confrontés aux difficultés et aux opportunités posées par la crypto-monnaie. Nous explorerons les implications et les futurs possibles de la réglementation Bitcoin dans cette section. Nous aborderons des sujets importants tels que les cadres juridiques, la coopération internationale, les développements technologiques et l'évolution du rôle des crypto-monnaies dans l'économie mondiale. Nous cherchons à clarifier l'avenir et les effets potentiels sur les personnes, les entreprises et le paysage financier dans son ensemble en examinant ces perspectives.

La création de cadres réglementaires plus standards et transparents constitue une opportunité potentielle pour la réglementation du Bitcoin. Les gouvernements et les organismes de réglementation peuvent s'efforcer d'établir des réglementations claires précisant le statut juridique, la fiscalité, les exigences de déclaration et les garanties des investisseurs de Bitcoin. Des réglementations claires peuvent promouvoir l'innovation tout en empêchant les activités illégales.

Trouver un équilibre entre la promotion de l'innovation et le maintien de la stabilité financière est un problème pour les régulateurs. Les futurs cadres réglementaires pourraient être conçus pour répondre aux préoccupations liées aux crypto-monnaies, telles que la volatilité des marchés, les risques systémiques et la protection des consommateurs, tout en favorisant un environnement favorable à l'innovation technologique.

Pour répondre à la nature mondiale du Bitcoin, la coopération internationale entre les gouvernements et les agences de réglementation est cruciale. Pour améliorer les transactions transfrontalières et réduire la fragmentation réglementaire, les perspectives d'avenir pourraient impliquer de coordonner les stratégies réglementaires, d'échanger les meilleures pratiques et d'adopter des normes uniformes.

Les futurs efforts réglementaires pourraient se concentrer sur l'amélioration des outils d'application transfrontaliers lorsque les transactions Bitcoin traversent les frontières nationales. La collaboration dans la lutte contre le blanchiment d'argent lié aux cryptomonnaies, le financement du terrorisme et d'autres activités illégales peut améliorer l'efficacité de la réglementation et promouvoir la confiance dans le système financier mondial.

La blockchain, la technologie qui sous-tend le Bitcoin, est très prometteuse en dehors des monnaies numériques. La future législation pourrait viser à promouvoir l'utilisation de la technologie blockchain dans divers secteurs tout en résolvant les problèmes de confidentialité des données, de contrats intelligents et d'interopérabilité.

Les gouvernements ont désormais la possibilité d'étudier l'intégration du Bitcoin et d'autres crypto-monnaies dans leurs systèmes monétaires en raison de la croissance des monnaies numériques des banques centrales (CBDC). Des cadres réglementaires qui soutiennent la coexistence des CBDC et des crypto-monnaies décentralisées à l'avenir pourraient être nécessaires pour favoriser l'inclusion financière et l'innovation.

La future législation pourrait se concentrer sur la création d'un environnement sécurisé et réglementé pour leur participation à mesure que les investisseurs institutionnels entrent de plus en plus sur le marché du Bitcoin. Cela pourrait impliquer la création de cadres d'investissement, de lois de garde et d'infrastructures pour le commerce et le stockage de Bitcoin de niveau institutionnel.

L'intégration possible du Bitcoin aux systèmes financiers conventionnels pourrait influencer les futures stratégies réglementaires. La collaboration entre les bourses de crypto-monnaies et les institutions financières établies peut aboutir à des contrôles de conformité plus fiables, à une interopérabilité et à une intégration fluide des crypto-monnaies dans les cadres actuels.

Les perspectives futures pourraient voir un changement dans l'approche réglementaire à l'égard du Bitcoin, passant d'un scepticisme et d'une résistance initiaux à une position plus coopérative. Pour favoriser le dialogue, comprendre les avantages potentiels et répondre de manière proactive aux préoccupations, les régulateurs peuvent interagir activement avec les parties prenantes du secteur, les établissements universitaires et les développeurs de technologies.

La future réglementation pourrait prendre en compte l'évolution de la perception des gens à l'égard des crypto-monnaies à mesure que la sensibilisation et la compréhension du public à l'égard du Bitcoin continuent de croître. Pour éduquer les consommateurs, lutter contre la désinformation et accroître la confiance du public dans les avantages potentiels du Bitcoin et des autres monnaies numériques, des mesures réglementaires doivent être prises.

Les perspectives de réglementation du Bitcoin à l'avenir sont complexes et incluent les cadres juridiques, la collaboration internationale, les développements technologiques et l'évolution de la place des crypto-monnaies dans l'économie mondiale. Le futur paysage réglementaire doit être façonné en établissant l'uniformité et la transparence de la réglementation, en équilibrant l'innovation et la stabilité et en encourageant la coopération mondiale. L'adoption des évolutions techniques offre des opportunités d'intégration et d'adoption à grande échelle, comme la technologie blockchain et les monnaies numériques émises par les banques centrales. La future réglementation du Bitcoin devrait prendre en compte les avantages potentiels tout en abordant les dangers et en garantissant la protection des consommateurs à mesure que la technologie continue de se développer. Les régulateurs, les entreprises et les particuliers peuvent pleinement exploiter les promesses du Bitcoin tout en préservant l'intégrité et la stabilité du système financier international en poursuivant une approche ouverte et coopérative.

Chapitre VIII : Crypto-monnaies alternatives et avenir du Bitcoin

Introduction à d'autres crypto-monnaies populaires

Alors que Bitcoin continue d'être la crypto-monnaie la plus connue et la plus importante, le paysage des monnaies numériques a radicalement changé, donnant naissance à d'autres crypto-monnaies alternatives. Nous aborderons dans cette section certaines des crypto-monnaies bien connues qui ont émergé aux côtés du Bitcoin. Nous étudierons leurs qualités particulières, les technologies sous-jacentes et leurs utilisations potentielles. Nous cherchons à présenter un aperçu de l'écosystème en développement des actifs numériques et à souligner l'impact potentiel de ces crypto-monnaies alternatives en approfondissant les différents mondes des cr ypto-monnaies.

Une plateforme blockchain décentralisée appelée Ethereum (ETH) facilite le développement et l'exécution de contrats intelligents. Les développeurs peuvent désormais créer des applications décentralisées (DApps) et lancer de nouveaux actifs numériques à l'aide d'offres initiales de pièces (ICO) grâce à l'introduction de l'idée de monnaie programmable.

La capacité d'exécuter des contrats intelligents, des contrats auto-exécutables dans des circonstances prédéfinies, est ce qui rend Ethereum unique. Cette fonctionnalité a ouvert la voie à de nombreuses applications décentralisées dans divers secteurs, notamment la gestion des identités, les jeux de hasard, la banque et la chaîne d'approvisionnement.

Un protocole de paiement numérique appelé Ripple (XRP) a été créé pour rendre possibles des transactions transfrontalières rapides, peu coûteuses et sécurisées. Une monnaie relais permettant les transferts entre plusieurs monnaies fiduciaires est sa crypto-monnaie native, appelée XRP.

L'architecture et le mécanisme de consensus de Ripple sont conçus pour accroître l'efficacité des institutions bancaires conventionnelles. Il pourrait révolutionner les envois de fonds internationaux et la gestion des liquidités en permettant aux institutions financières de régler les transactions en temps réel et à des taux inférieurs.

Crypto monnaie peer-to-peer développée par Charlie Lee, le Litecoin (LTC) est souvent appelé l'argent de l'or du Bitcoin. Malgré un algorithme de hachage différent et des temps de génération de blocs plus rapides que Bitcoin, il est très comparable à cette monnaie numérique.

Le Litecoin diffère du Bitcoin en ce sens que son temps de génération de blocs est plus rapide et sa limite d'approvisionnement est plus élevée. Il promet d'accélérer les confirmations de transactions et de donner aux consommateurs réguliers un deuxième choix en matière de monnaie numérique.

Une plateforme blockchain appelée Cardano (ADA) vise à offrir une base sûre et extensible pour la création d'applications décentralisées et de contrats intelligents. Il met fortement l'accent sur une approche académique rigoureuse et axée sur la blockchain.

Ouroboros, un algorithme de consensus unique développé par Cardano, utilise le protocole de preuve de participation. Contrairement au processus de preuve de travail énergivore de Bitcoin, il vise à améliorer l'évolutivité, l'efficacité énergétique et la durabilité globale.

Un protocole blockchain appelé Polkadot (DOT) vise à permettre à plusieurs blockchains de communiquer entre elles de manière transparente. Il vise à contourner les problèmes d'évolutivité et à promouvoir la coopération entre divers réseaux blockchain.

Le « web of blockchains » proposé par Polkadot permet le transfert d'actifs et de données entre plusieurs chaînes. Il offre aux blockchains spécialisées la possibilité de collaborer et de partager des actifs, améliorant ainsi la convivialité et la fonctionnalité des applications décentralisées.

En mettant l'accent sur l'inclusion financière, Stellar (XML) est une plateforme décentralisée créée pour rendre possibles des paiements transfrontaliers rapides et abordables. Il aspire à relier les individus, les systèmes de paiement et les institutions financières pour construire un réseau financier mondial diversifié.

La représentation de plusieurs actifs sur la blockchain est rendue possible par le réseau de Stellar, qui permet l'émission et le transfert transparents de jetons. Cette fonction permet de tokenizer des actifs physiques et d'effectuer des micro paiements et des envois de fonds.

Les crypto-monnaies alternatives offrent une variété de fonctionnalités et de cas d'utilisation au-delà du rôle de pionnier du Bitcoin à mesure que le marché des crypto-monnaies continue de se développer. L'écosystème croissant d'actifs numériques bénéficie des capacités des contrats intelligents l'Ethereum, de la concentration de Ripple sur les paiements mondiaux efficaces, des transactions rapides de Litecoin, de l'approche méthodique de Cardano, de l'interopérabilité de Polkadot, de l'inclusion financière de Stellar et de nombreuses autres crypto-monnaies. Chaque crypto-monnaie cible un problème différent et répond à un objectif distinct, créant de nouvelles opportunités de rupture et d'innovation dans de nombreux secteurs. Les particuliers et les entreprises peuvent mieux comprendre l'écosystème des actifs numériques et prendre en compte les effets potentiels et les opportunités qu'ils apportent en explorant ces crypto-monnaies alternatives.

Explorer le potentiel de la technologie blockchain au-delà du Bitcoin

Bien que la technologie blockchain ait été popularisée pour la première fois par Bitcoin, elle a de nombreuses utilisations qui vont bien au-delà des seules crypto-monnaies. Cette section mettra en évidence le potentiel de transformation de la technologie blockchain dans un large éventail de secteurs. Nous examinerons les propriétés fondamentales de la blockchain, telles que la décentralisation, la transparence, l'immuabilité et la sécurité. Nous cherchons à mettre en lumière l'énorme potentiel de la technologie blockchain au-delà du Bitcoin en examinant les cas d'utilisation, les difficultés et les perspectives d'avenir du monde réel.

En répartissant les données entre de nombreux nœuds et en obtenant un consensus grâce à des techniques de consensus telles que la preuve de travail (PoW) ou la preuve de participation (PoS), la technologie blockchain permet des réseaux décentralisés. En conséquence, il n'est pas nécessaire de recourir à des autorités centralisées et la confiance des participants est accrue.

Tous les participants peuvent examiner et confirmer les transactions enregistrées sur le

grand livre distribué en raison de la transparence de la blockchain. La nature quasi immuable des transactions une fois qu'elles sont engagées dans la blockchain améliore la sécurité et l'intégrité des données.

En offrant un enregistrement immuable et transparent qui suit le flux des marchandises depuis le point d'origine jusqu'au consommateur final, la blockchain peut transformer la gestion de la chaîne d'approvisionnement. Cela permet d'augmenter l'optimisation de la chaîne d'approvisionnement, la vérification de l'authenticité et la traçabilité.

En établissant un enregistrement fiable et impénétrable de la provenance d'un produit, en garantissant son authenticité et en limitant la circulation de faux articles, la technologie blockchain peut aider à lutter contre la fraude et la contrefaçon.

Les paiements transfrontaliers pourraient être rationalisés grâce à des solutions basées sur la blockchain, ce qui réduirait les coûts, accélérerait les transactions et élargirait l'accès financier. La technologie blockchain a le pouvoir de transformer le secteur des envois de fonds et de permettre des transactions directes peer-to-peer en éliminant les inter médiaires.

La finance décentralisée (DéFi) offre désormais plus d'options grâce aux contrats intelligents, des accords auto-exécutables stockés sur la blockchain. Les plateformes basées sur la blockchain transforment les services financiers traditionnels en permettant le développement de systèmes décentralisés de prêt, d'emprunt et de trading.

La technologie blockchain constitue une base sûre et décentralisée pour la gestion des données de santé. La blockchain peut être utilisée pour stocker les données des patients, mener des recherches médicales et gérer le consentement tout en préservant l'intégrité, la confidentialité et l'interopérabilité des données.

Les problèmes de l'industrie pharmaceutique liés à l'authentification des médicaments et aux chaînes d'approvisionnement peuvent être résolus grâce à la blockchain. La blockchain augmente la transparence, réduit l'incidence des faux médicaments et améliore la sécurité des patients en traçant le mouvement des médicaments tout au long de la chaîne d'approvisionnement.

Les systèmes de vote alimentés par la blockchain peuvent améliorer la responsabilité, réduire la fraude et renforcer la confiance des électeurs dans le processus politique. Les enregistrements immuables de la blockchain garantissent l'exactitude des informations sur les votes et rendent les audits rapides et faciles.

La technologie Blockchain peut donner aux gens le contrôle de leurs données personnelles et accélérer les procédures de vérification d'identité en leur donnant des identifiants numériques autonomes. Cela a des effets sur un certain nombre de services publics, notamment la délivrance de passeports, de permis de conduire et de services sociaux.

La technologie Blockchain présente toujours des problèmes d'évolutivité en raison des restrictions de capacité du réseau et de vitesse de traitement des transactions. L'objectif des recherches en cours et de la création de solutions innovantes est de résoudre ces problèmes et d'ouvrir la porte à une adoption généralisée.

Les cadres réglementaires doivent suivre les améliorations technologiques à mesure que les applications blockchain se développent. Les gouvernements et les organismes de réglementation doivent trouver un équilibre entre la promotion de l'innovation et la réponse aux problèmes liés aux droits des consommateurs, à la vie privée et à la protection des données.

La technologie Blockchain offre des opportunités disruptives pour toutes les entreprises et va bien au-delà du Bitcoin. Il offre des perspectives d'amélioration de la traçabilité, des procédures plus rapides et une confiance accrue grâce à sa nature décentralisée, sa transparence et sa sécurité. La blockchain modifie les processus établis et favorise l'innovation dans de nombreux secteurs, notamment la gestion de la chaîne d'approvisionnement, la finance, la santé et le gouvernement. Malgré les obstacles, la poursuite de la recherche et du développement ainsi que les cadres juridiques aideront la blockchain à atteindre son plein potentiel. Un avenir plus inclusif et décentralisé peut être réalisé en adoptant la technologie blockchain avec un état d'esprit avant-gardiste, ce qui peut ouvrir de nouvelles portes en matière d'efficacité, de transparence et de collaboration.

Développements futurs et tendances actuelles dans le domaine des crypto-monnaies

Depuis la création du Bitcoin en 2009, le secteur des cryptomonnaies a connu une expansion et un développement significatifs. Nous examinerons les tendances actuelles et les changements potentiels futurs dans le secteur des crypto-monnaies dans cette section, en soulignant la voie à suivre pour l'innovation. Nous explorerons des sujets importants, notamment la finance décentralisée (DéFi), les jetons non fongibles (NFT), les monnaies numériques des banques centrales (CBDC), les solutions de mise à l'échelle et les effets possibles du développement technologique. Nous cherchons à offrir un aperçu du potentiel révolutionnaire des crypto-monnaies et de leur rôle dans l'influence de l'avenir de la finance et de la technologie en explorant ces tendances et développements.

L'instrument financier décentralisé (DéFi) fait référence à l'utilisation de contrats intelligents et de la technologie blockchain pour reproduire des produits financiers conventionnels. Il couvre les emprunts, les prêts, les échanges décentralisés, l'agriculture de rendement, ainsi que d'autres applications financières innovantes. DéFi s'est développé rapidement et il existe désormais plusieurs protocoles différents valant des milliards de dollars. DeFi offre aux gens une inclusion financière accrue, un accès direct aux services financiers et la possibilité d'obtenir des rendements plus importants. Cependant, des difficultés subsistent, notamment des vulnérabilités en matière de sécurité et des problèmes de réglementation.

Les jetons non fongibles (NFT) sont des jetons numériques spéciaux qui signifient la propriété ou fournissent une preuve d'authenticité pour des biens numériques comme la musique, les œuvres d'art et d'autres choses. Ils utilisent la technologie blockchain pour offrir la vérifiabilité, la provenance et la rareté.

Les NFT ont révolutionné les secteurs des arts et du divertissement en permettant aux artistes de gagner de l'argent grâce à leurs œuvres numériques et d'interagir directement avec leur public. Ils offrent de nouvelles sources de revenus, une

propriété
fractionnée et des structures de redevances ouvertes. Cependant, les problèmes de violation du droit d'auteur et les préoccupations environnementales persistent.

Les monnaies numériques de la banque centrale (CBDC) sont des représentations numériques de la monnaie fiduciaire d'un pays qui sont créées et gérées par une banque centrale. Ils cherchent à combiner la programmabilité et l'efficacité des crypto-monnaies avec la stabilité des monnaies fiduciaires conventionnelles.

Les CBDC présentent des avantages tels qu'une inclusion financière accrue, une efficacité de paiement plus élevée et des outils de politique monétaire améliorés. Cependant, lors de leur mise en pratique, il est important de prendre en compte les questions de confidentialité, de cybersécurité et de souveraineté monétaire.

Des problèmes d'évolutivité avec la technologie blockchain existent en termes de capacité du réseau et de vitesse de traitement des transactions. Les solutions d'évolutivité sont essentielles pour fournir des réseaux blockchain efficaces et

évolutifs
à mesure que la demande de crypto-monnaies augmente.

Afin de réduire la congestion et d'augmenter le débit des transactions, des solutions de couche 2 telles que les canaux de paiement et les chaînes latérales sont utilisées. La communication entre les différents réseaux blockchain est facilitée grâce à des protocoles d'interopérabilité tels que Polkadot et Cosmos, augmentant ainsi l'évolutivité et la flexibilité.

La gestion de la chaîne d'approvisionnement, la logistique et l'intégrité des données ne sont que quelques-uns des secteurs qui pourraient bénéficier de la combinaison des technologies blockchain et de l'Internet des objets (IoT). La sécurité et la confiance des écosystèmes IoT peuvent être améliorées grâce à la nature décentralisée et transparente de la blockchain.

La confidentialité des données, la gestion des identités et l'analyse prédictive pourraient toutes être révolutionnées par la fusion de la blockchain et de l'intelligence artificielle (IA). La blockchain peut donner aux algorithmes d'IA un cadre sûr et vérifiable, augmentant ainsi la confiance et la protection de la vie privée.

Les problèmes réglementaires posés par les crypto-monnaies sont résolus par les gouvernements et les autorités de régulation du monde entier. Pour garantir la sécurité des investissements, la conformité à la lutte contre le blanchiment d'argent et les

droits

des consommateurs, les cadres réglementaires évoluent.

Des normes d'interopérabilité, des directives de sécurité et des meilleures pratiques sont en cours d'élaboration par des organismes de normalisation et des consortiums industriels. Les efforts de normalisation peuvent promouvoir la coopération, améliorer l'interopérabilité et créer des cadres uniformes pour le secteur des cr ypto-monnaies.

Une ère de transformation dans le domaine de la technologie et de la finance est signalée par les tendances actuelles et les développements futurs dans le domaine des crypto-monnaies. Les principales forces derrière l'innovation comprennent DéFi, NFT, CBDC, les solutions de mise à l'échelle et les technologies futures. Même s'il existe des difficultés, il est impossible d'ignorer les avantages potentiels des crypto-monnaies en termes de droits de propriété, d'efficacité et de sécurité. L'avenir des crypto-monnaies sera façonné par la collaboration des parties prenantes, la clarté législative et les développements technologiques, ouvrant la voie à un système financier mondial plus décentralisé, inclusif et efficace. Exploiter le potentiel de ces tendances et développements peut ouvrir de nouvelles opportunités et susciter des changements positifs à mesure que le secteur des cryptomonnaies continue de prospérer.

Prédictions et possibilités pour l'avenir du Bitcoin

Depuis sa création, Bitcoin, la crypto-monnaie originelle, a complètement modifié le paysage financier. Il est tout à fait raisonnable de faire des prédictions sur la trajectoire et les effets potentiels du Bitcoin à mesure qu'il continue de gagner en popularité. L'avenir du Bitcoin sera prédit et discuté dans cette section, en tenant compte d'éléments importants tels que l'acceptation, la réglementation, le développement technologique, les tendances macroéconomiques et les changements sociologiques. Nous souhaitons offrir un aperçu des directions possibles que Bitcoin peut prendre et de son potentiel de transformation en évaluant ces caractéristiques.

L'implication croissante des investisseurs institutionnels sur le marché des crypto-monnaies est un signe du potentiel et de l'acceptation croissants du Bitcoin. Les grandes entreprises, les hedge funds et les gestionnaires d'actifs pourraient réaliser des investissements qui augmentent la liquidité, la stabilité et l'acceptation du marché.

Il est possible que Bitcoin remplace progressivement les monnaies traditionnelles pour les transactions quotidiennes à mesure que de plus en plus de magasins et de services commencent à l'accepter comme moyen de paiement. Une adoption et une utilisation plus larges du Bitcoin peuvent être facilitées par l'incorporation de passerelles de paiement et la création de portefeuilles conviviaux.

Les réglementations régissant les crypto-monnaies évoluent constamment. Les entreprises et les investisseurs peuvent accepter Bitcoin plus largement et l'intégrer dans les institutions financières conventionnelles si les réglementations sont claires et favorables à son égard.

La possibilité pour les banques centrales d'émettre de la monnaie virtuelle ou de travailler avec des crypto-monnaies déjà existantes comme le Bitcoin pourrait contribuer à combler l'écart entre les monnaies fiduciaires centralisées et les monnaies numériques décentralisées. Une efficacité, une inclusion financière et une stabilité accrues peuvent résulter de cette intégration.

En permettant des transactions hors chaîne plus rapides et moins coûteuses tout en utilisant la sécurité de la blockchain sous-jacente, les technologies de couche 2 comme Lighting Network peuvent atténuer les problèmes d'évolutivité de Bitcoin.

L'introduction de transactions confidentielles ou de preuves sans connaissance, par exemple, sont des avancées technologiques visant à renforcer les caractéristiques de confidentialité au sein du réseau Bitcoin. Ces avancées peuvent renforcer la confidentialité des utilisateurs et stimuler l'adoption par les personnes et les organisations soucieuses de la confidentialité.

En raison de sa rareté et de sa structure décentralisée, Bitcoin a le potentiel de servir de couverture contre l'inflation et d'autres risques économiques. Alors que les systèmes financiers mondiaux souffrent de difficultés, Bitcoin pourrait être de plus en plus considéré comme une réserve de valeur, attirant les investisseurs à la recherche d'un substitut virtuel aux actifs conventionnels.

Bitcoin peut offrir une alternative décentralisée et accessible dans les pays aux monnaies instables ou à l'accès restreint aux services bancaires conventionnels. L'utilisation du Bitcoin pourrait augmenter à l'échelle mondiale et modifier l'inclusion financière en raison de sa popularité croissante sur les marchés émergents.
La promesse du Bitcoin en tant qu'actif numérique fiable et décentralisé pourrait devenir de plus en plus évidente à mesure que la transformation numérique se propage dans tous les secteurs. Les crises économiques peuvent éroder la confiance

du
public dans les systèmes financiers établis, augmentant ainsi la demande d'alternatives financières.

La perception et l'adoption de crypto-monnaies comme le Bitcoin peuvent être affectées par les troubles géopolitiques et les conflits monétaires. En tant qu'actif numérique sans frontières et résistant à la censure, Bitcoin pourrait devenir plus populaire dans les domaines où les gens souhaitent exercer leur indépendance financière ou contourner les réglementations en matière de capitaux.

L'attention pourrait se porter sur des problèmes tels que la consommation d'énergie liée à l'extraction de bitcoins. La viabilité du réseau Bitcoin peut être améliorée en continuant à adopter des sources d'énergie renouvelables et en créant des techniques d'exploitation minière plus économes en énergie.

Il pourrait y avoir des initiatives visant à promouvoir la neutralité carbone et à réduire l'impact environnemental du Bitcoin. Le réseau peut être aligné sur des pratiques durables par l'incorporation de crédits carbone ou le financement de projets respectueux de l'environnement utilisant des méthodes basées sur Bitcoin.

Le potentiel du Bitcoin pour changer le monde est vaste. À mesure que l'adoption augmente, que les cadres juridiques changent, que de nouvelles technologies sont développées et que l'opinion du public change, Bitcoin pourrait finir par jouer un rôle plus important dans le système financier mondial. Sa fonction de moyen d'échange, de réserve de valeur et de classe d'actifs décentralisée a le potentiel de transformer la finance conventionnelle, d'élargir l'inclusion financière et de stimuler l'innovation. La résilience de Bitcoin, ses fondements technologiques et sa communauté en expansion offrent une plate-forme solide pour sa croissance et son évolution continues, même si des difficultés et des incertitudes subsistent. Bitcoin a la capacité d'ouvrir la voie à un avenir numérique qui responsabilise les gens, encourage l'indépendance financière et ouvre de nouvelles voies de progrès économique en embrassant les possibilités et en résolvant les problèmes.

Conclusion

Récapitulatif des points clés abordés dans le livre électronique

Tout au long de cet e-book, nous avons exploré divers aspects du Bitcoin, notamment ses fondements, son histoire historique, ses fondements technologiques, ses applications pratiques et les préoccupations réglementaires qui l'entourent. Dans cette section, nous passerons en revue les sujets les plus importants abordés dans le livre électronique, en fournissant un résumé concis des points à retenir et des informations les plus importantes obtenues lors de notre enquête sur l'environnement Bitcoin. Le but de cette section est de fournir un aperçu complet et de renforcer les connaissances acquises dans le reste du livre électronique en passant en revue certaines questions essentielles.

I. Comprendre Bitcoin :

Pour commencer, nous avons approfondi les principes fondamentaux du Bitcoin, abordant des sujets tels que sa nature décentralisée, l'idée derrière la technologie blockchain et la fonction de la cryptographie pour assurer la sécurité des transactions Bitcoin. Nous avons examiné les possibilités du Bitcoin à la fois comme moyen d'échange et comme moyen de stocker de la valeur, en soulignant les différences entre les transactions Bitcoin et celles impliquant les monnaies traditionnelles.

II. Explorer l'histoire de Bitcoin :

Nous avons fait un voyage à travers l'histoire du Bitcoin, en commençant par ses origines mystérieuses avec la publication du livre blanc Bitcoin par Satoshi Nakamoto et en progressant à travers son expansion rapide, les fluctuations du marché et sa reconnaissance par le grand public. Nous avons parlé des étapes importantes, des événements importants et des personnalités influentes qui ont joué un rôle dans l'évolution et la popularité du Bitcoin au cours de son existence.

III. Concepts clés : blockchain, décentralisation et cryptographie :

Nous avons passé en revue certaines des idées clés du Bitcoin, telles que la blockchain, la décentralisation et la cryptographie. Nous avons expliqué comment la blockchain peut être considérée comme un registre décentralisé qui non seulement enregistre toutes les transactions Bitcoin, mais garantit également leur transparence, leur immuabilité et leur sécurité. En plus de cela, nous avons parlé des avantages et des inconvénients de la décentralisation, ainsi que du rôle crucial que jouent les méthodes cryptographiques pour garantir la sécurité des transactions Bitcoin.

IV. En quoi Bitcoin diffère des monnaies traditionnelles :

Dans cette partie, nous avons comparé le Bitcoin aux monnaies fiduciaires traditionnelles et avons souligné les différences les plus importantes entre les deux. Nous avons expliqué comment le Bitcoin est décentralisé, comment son offre est limitée et comment il est indépendant des banques centrales et des autorités gouvernementales. Les conséquences de la volatilité du Bitcoin, de la vitesse des transactions et du potentiel d'inclusion financière et de transactions sans frontières ont également été étudiées dans cette partie du livre électronique.

V. Configuration d'un portefeuille Bitcoin :

Nous avons proposé des instructions sur la façon de créer un portefeuille Bitcoin, au cours desquelles nous avons discuté des différentes options de portefeuille actuellement accessibles, telles que les portefeuilles logiciels, les portefeuilles matériels et les portefeuilles en ligne. Lorsqu'il s'agit de protéger ses avoirs en Bitcoin, nous avons souligné l'importance de prendre des précautions telles que l'utilisation de mots de passe complexes, l'authentification à deux facteurs et la réalisation de sauvegardes régulières.

VI. Choisir un échange Bitcoin réputé :

Le choix d'un échange Bitcoin digne de confiance nécessite une réflexion approfondie, et nous avons passé en revue certaines des meilleures méthodes pour y parvenir. Nous avons étudié des aspects tels que les frais de négociation, la liquidité, le service client et la conformité réglementaire, ainsi que l'expérience utilisateur et les mesures de sécurité. Avant de décider d'un échange, nous avons souligné combien il est important de réaliser au préalable une étude exhaustive et de faire preuve de la diligence requise.

VII. Sécuriser vos avoirs Bitcoin :

Nous avons étudié les méthodes de protection les plus efficaces contre la fraude, le vol et le piratage puisque nous étions conscients de la nécessité d'assurer la sécurité des avoirs en Bitcoin. Nous avons parlé d'autres solutions, comme le stockage à froid, les portefeuilles nécessitant plusieurs signatures et l'utilisation de portefeuilles matériels. En outre, nous avons souligné l'importance de toujours utiliser les versions les plus récentes des logiciels et des équipements, de rester vigilants contre les tentatives de phishing et de suivre des procédures de sécurité strictes.

VIII. Acheter votre premier Bitcoin :

Nous avons publié un guide détaillé sur la façon d'acheter du Bitcoin, dans lequel nous

abordons plusieurs options, notamment les échanges peer-to-peer, les échanges centralisés et les guichets automatiques Bitcoin. Nous avons souligné l'importance d'effectuer des transactions sur des plateformes jouissant d'une bonne réputation, d'utiliser des moyens de paiement sécurisés et d'être conscient des aléas et de la volatilité potentiels du marché.

IX. Explorer différents types de portefeuilles Bitcoin :

Nous avons abordé plus en détail les nombreux types de portefeuilles Bitcoin, notamment les portefeuilles mobiles, les portefeuilles papier, les portefeuilles matériels et également les portefeuilles logiciels. Nous avons exploré leurs caractéristiques, avantages et considérations, dans le but d'aider les lecteurs à sélectionner le choix de portefeuille qui répond le mieux à leurs exigences, à leurs préférences en matière de facilité d'utilisation et à leurs niveaux de sécurité préférés.

X. Comprendre les adresses Bitcoin et les clés privées :

Nous avons expliqué comment les adresses Bitcoin et les clés privées sont générées, conservées et utilisées dans les transactions Bitcoin, éliminant ainsi une partie du mystère qui les entoure. Parce qu'ils constituent le moyen par lequel les avoirs Bitcoin peuvent être contrôlés et accessibles, nous avons souligné la nécessité de sécuriser les clés privées. Nous avons parlé de l'importance de stocker en toute sécurité les clés privées, ainsi que de la façon d'utiliser des phrases mnémoniques et différentes solutions de sauvegarde.

XI. Utiliser Bitcoin pour les transactions :

Nous avons exploré les problèmes pratiques liés à l'utilisation de Bitcoin pour les transactions et parlé du processus d'envoi et de réception de paiements Bitcoin dans le cadre de nos recherches. Nous avons discuté de la fonction des frais de transaction, de l'importance de la validation des données de transaction et de l'importance de l'utilisation des codes QR pour rationaliser le processus de paiement. En plus de cela, nous avons discuté des avantages possibles de l'utilisation du Bitcoin pour les affaires internationales et les achats en ligne.

XII. Envoi et réception de paiements Bitcoin :

Nous avons proposé une explication complète des étapes impliquées dans l'envoi et la réception de paiements à l'aide de Bitcoin, en soulignant la nécessité d'adresses précises des destinataires, de confirmations de transaction et de synchronisation du portefeuille tout au long de notre discussion. Nous avons également exploré des solutions potentielles pour l'évolutivité des transactions et discuté du rôle que jouent les frais de transaction pour garantir que les confirmations sont envoyées à temps.

XIII. Comment fonctionne le minage de Bitcoin :

Nous avons levé une partie du mystère entourant le processus de minage de Bitcoin en expliquant le rôle que jouent les mineurs dans le maintien de l'intégrité du réseau et la confirmation des transactions. Au cours de la discussion, nous avons abordé la méthode de résolution d'énigmes informatiques, les avantages pour le minage et l'idée des pools miniers. Nous avons également attiré l'attention sur la quantité d'énergie consommée par l'exploitation minière et sur les efforts continus déployés pour établir des processus miniers plus respectueux de l'environnement.

XIV. Options matérielles et logicielles minières :

Nous avons passé en revue les différentes options matérielles et logicielles disponibles pour le minage de Bitcoin, et nous avons expliqué comment les équipements de minage ont progressé, passant des processeurs à usage général aux mineurs ASIC spécialisés. Nous avons discuté de l'importance de calculer la rentabilité du minage en prenant en compte une variété de critères, notamment la difficulté du minage, le coût de l'énergie et les performances du matériel de minage. Nous avons également parlé des différentes solutions logicielles minières et de leur importance pour rendre les opérations minières plus efficaces.

XV. _Rejoindre un pool minier :_

Nous avons discuté des avantages et des éléments à prendre en compte avant de rejoindre un pool minier. Une organisation de mineurs connue sous le nom de pool minier coopère pour augmenter la probabilité qu'ils réussissent à extraire un bloc et à partager les récompenses. Nous avons examiné les différentes formes de pools miniers, les frais associés à chacun et les critères à prendre en compte lors de la sélection d'un pool. Nous avons souligné l'importance de faire des recherches sur la réputation du pool, la pérennité du réseau et les processus de paiement.

XVI. _Le rôle de la blockchain dans la sécurisation des transactions Bitcoin :_

Nous avons attiré l'attention sur le rôle fondamental que joue la blockchain dans le processus de protection des transactions Bitcoin en offrant un enregistrement décentralisé et immuable de toutes les transactions Bitcoin. Nous avons passé en revue les différentes techniques de consensus, notamment la preuve de travail et la preuve d'enjeu, chargées d'assurer la légitimité des transactions et la sécurité des réseaux. Nous avons également étudié la manière dont la technologie blockchain pourrait être utilisée à des fins autres que Bitcoin.

XVII. _Meilleures pratiques pour sécuriser votre Bitcoin :_

Nous avons fourni des conseils détaillés sur les méthodes les plus efficaces pour sécuriser les avoirs Bitcoin, notamment des recommandations pour la création de mots de passe robustes, la mise en œuvre d'une authentification à deux facteurs, l'utilisation de portefeuilles multi signatures et la mise à jour régulière des logiciels et des micrologiciels. Nous avons souligné l'importance du stockage hors ligne ainsi que les choix de sauvegardes sécurisées en tant que stratégie d'atténuation des risques.

XVIII. _Protection contre les piratages et les escroqueries :_

Nous avons eu une discussion sur les différentes façons de nous protéger contre les dangers posés par les pirates informatiques et les escroqueries dans le domaine des crypto-monnaies, car nous sommes conscients de ces dangers. Nous avons discuté de l'importance de maintenir une bonne hygiène de cybersécurité, d'être conscient des tentatives de phishing et de rester vigilant contre les stratagèmes frauduleux. En ce qui concerne les activités liées aux crypto-monnaies, nous fournissons également des conseils sur la manière de reconnaître les sites dignes de confiance et d'effectuer des recherches approfondies.

XIX. Considérations en matière de confidentialité lors de l'utilisation de Bitcoin :

Nous avons discuté de la nature pseudonyme des transactions Bitcoin et des approches potentielles visant à améliorer la confidentialité, telles que le mélange de devises et l'utilisation de portefeuilles axés sur la confidentialité, dans le cadre de notre exploration des implications de l'utilisation de Bitcoin sur la confidentialité. Nous avons étudié les compromis qui peuvent être faits entre la confidentialité et la conformité réglementaire, en mettant l'accent sur l'importance d'être conscient des implications en matière de confidentialité liées à l'utilisation de crypto-monnaies comme Bitcoin.

XX. Anonymat contre transparence dans le réseau Bitcoin :

Nous avons approfondi la tension qui existe dans le réseau Bitcoin entre anonymat et transparence, discutant de la nature pseudonyme des transactions ainsi que de la possibilité que l'analyse de la blockchain puisse révéler des modèles de comportement des transactions. Nous avons étudié les difficultés et les préoccupations associées à la confidentialité, à la législation et à l'exigence d'ouverture dans un certain nombre de cas d'utilisation différents.

XXI. Comprendre la volatilité des prix du Bitcoin :

Nous avons exploré les éléments qui contribuent à la volatilité des prix du Bitcoin, tels que les changements dans la demande du marché et le sentiment des investisseurs, ainsi que les changements dans les politiques macroéconomiques et réglementaires. Nous avons examiné les risques et opportunités potentiels associés à la volatilité des prix et souligné la nécessité d'une gestion des risques et de stratégies d'investissement à long terme.

XXII. Différentes approches pour trader le Bitcoin :

Nous avons étudié diverses façons d'échanger du Bitcoin, notamment le day trading, le swing trading et l'investissement à long terme. Nous avons passé en revue l'importance de la gestion des risques, de l'analyse technique et de l'analyse fondamentale lorsqu'il s'agit de prendre des décisions éclairées en matière de trading. En plus de cela, nous avons souligné combien il est important d'être conscient des tendances du marché, d'avoir des attentes raisonnables et d'élaborer un plan de trading méthodique.

XXIII. Stratégies d'investissement à long terme :

Nous avons discuté d'idées d'investissement à long terme pour Bitcoin, en mettant l'accent sur l'importance de maintenir un portefeuille diversifié, d'utiliser la moyenne des coûts en dollars et d'avoir une connaissance fondamentale de la proposition de valeur de Bitcoin. Nous avons parlé des avantages potentiels et des éléments à prendre en compte lors d'un investissement à long terme dans Bitcoin afin de protéger sa richesse des effets de l'inflation.

XXIV. Gérer les risques et éviter les pièges courants :

Lorsque nous travaillons avec Bitcoin, nous avons souligné l'importance de bien gérer les risques et d'éviter les erreurs typiques. Nous avons parlé de l'importance d'entreprendre des recherches approfondies, d'avoir une solide compréhension des mécanismes du marché et d'éviter de faire des investissements spéculatifs et de tomber dans le piège des escroqueries. De plus, nous avons discuté de la nécessité de rester conscient et éduqué ainsi que des techniques de réduction des risques qui peuvent être utilisées.

XXV. Aperçu des réglementations Bitcoin dans le monde :

Nous avons discuté des différentes tactiques adoptées par divers pays et juridictions alors que nous enquêtons sur le paysage réglementaire mondial entourant Bitcoin. Nous avons attiré l'attention sur l'importance de la clarté de la réglementation, de la sécurité des investisseurs et des efforts de lutte contre le blanchiment d'argent. Lorsque vous vous engagez dans des activités liées au Bitcoin, nous avons souligné à quel point il est important de veiller à toujours respecter les règles locales.

XXVI. Implications fiscales des transactions Bitcoin :

Nous avons fourni un aperçu des implications fiscales des transactions Bitcoin, y compris des sujets tels que l'impôt sur les plus-values, les exigences de dépôt de déclarations et les difficultés liées au suivi des transactions. Nous avons souligné combien il est important de contacter des professionnels de la fiscalité afin de garantir que l'on respecte la législation fiscale en vigueur dans chaque pays.

XXVII. Défis juridiques et controverses entourant Bitcoin :

Les ambiguïtés réglementaires, la répression politique et les conflits juridiques entourant Bitcoin ont fait l'objet d'une enquête, tout comme les problèmes juridiques et les controverses entourant Bitcoin. Nous avons parlé de l'influence potentielle sur l'adoption du Bitcoin ainsi que de la nécessité de maintenir des cadres législatifs qui établissent un équilibre entre l'innovation et la protection des consommateurs.

XXVIII. Perspectives futures de la réglementation Bitcoin :

Nous avons pris en compte l'évolution du paysage réglementaire, la coopération internationale et l'intégration des monnaies numériques dans les systèmes financiers traditionnels lors de notre analyse des perspectives futures de la réglementation du Bitcoin. Tout en admettant les difficultés qu'il y a à trouver l'équilibre idéal entre innovation et stabilité, nous avons évoqué les avantages potentiels de la transparence réglementaire et de la collaboration.

Dans cet ebook, nous avons entrepris une visite guidée du paysage du Bitcoin, en étudiant son histoire, ses principes fondamentaux, son utilisation pratique, ses implications réglementaires et ses perspectives d'avenir. Nous espérons qu'en fournissant un résumé des aspects les plus importants abordés, nous avons non seulement fourni au public une bonne compréhension de Bitcoin, mais nous l'avons également doté des connaissances et des outils nécessaires pour parcourir efficacement le monde des crypto-monnaies. À mesure que le secteur du Bitcoin et des crypto-monnaies continue de se développer, il sera essentiel pour les individus et les organisations de rester informés, de mettre en œuvre des mesures de sécurité de base et de s'adapter aux changements de réglementation législative afin d'exploiter le potentiel révolutionnaire de cette technologie révolutionnaire.

Encouragement des lecteurs à continuer à se renseigner sur Bitcoin

Tout au long de cet e-book, nous avons étudié le monde diversifié du Bitcoin, en examinant son histoire ainsi que ses fondements technologiques, ses applications pratiques et ses préoccupations réglementaires. Alors que nous arrivons à la fin de notre voyage, il est essentiel de souligner l'importance de la formation continue et de l'implication dans le monde en constante évolution de la cryptomonnaie. Dans cette section, nous encourageons et dirigeons les lecteurs à poursuivre leur découverte éducative du Bitcoin en présentant le potentiel de transformation, la croissance personnelle et les possibilités passionnantes qui attendent les personnes qui adoptent cette technologie révolutionnaire.

Bitcoin a provoqué un changement de paradigme dans le monde de la finance et dans le monde de la technologie. Les individus sont capables d'acquérir la souveraineté financière, de remettre en question les systèmes de pouvoir établis et de contribuer à une économie mondiale plus inclusive et équitable lorsqu'ils adoptent la nature décentralisée, la transparence et la sécurité des crypto-monnaies. La prise de conscience que Bitcoin a la capacité de perturber des secteurs entiers, d'encourager l'innovation et de donner aux gens plus de contrôle sur leur propre vie est un moteur de leur propre développement ainsi qu'un contributeur à un avenir plus désirable.

Le marché du Bitcoin est très dynamique et en constante évolution. Le lecteur est en mesure de s'engager activement dans l'évolution continue du Bitcoin à condition de se tenir au courant des développements les plus récents, des nouvelles tendances et des changements réglementaires. En participant à des sources d'information crédibles, à des forums industriels et à des plateformes éducatives, on peut acquérir des connaissances approfondies et mieux comprendre les complexités et les nuances du contexte Bitcoin.

Bitcoin est fondé sur une technologie innovante et son succès dépendra du développement continu de la technologie blockchain, de la cryptographie et de l'architecture système décentralisée. Ils seront en mesure de se tenir au courant des développements et de comprendre tout le potentiel des fondements technologiques de

Bitcoin s'ils sont encouragés à étudier les technologies à venir telles que les solutions de couche 2, les avancées en matière de confidentialité et les protocoles d'interopérabilité. Cela peut être accompli en encourageant les lecteurs à étudier ces technologies.

L'influence du Bitcoin ne se limite pas à la sphère monétaire. Sa technologie blockchain sous-jacente a la capacité de révolutionner une variété de secteurs différents, notamment la santé, les systèmes de vote, la vérification d'identité et la gestion des chaînes d'approvisionnement. Les lecteurs peuvent mieux comprendre les possibilités de transformation et les chances d'innovation et de rupture dans leurs secteurs respectifs en approfondissant ces applications.

L'éducation sur le Bitcoin, ainsi que la culture financière et de solides mesures de sécurité, devraient aller de pair. Non seulement encourager les lecteurs à approfondir leur compréhension des finances personnelles, des techniques d'investissement, de la gestion des risques et de la cybersécurité améliore leur capacité à naviguer dans le paysage Bitcoin, mais cela encourage également une participation responsable et sécurisée à l'écosystème plus large des crypto-monnaies.

Les développeurs, les hommes d'affaires, les passionnés de crypto-monnaie et les universitaires composent tous la communauté Bitcoin, qui constitue un écosystème florissant et varié. Afin de développer des opportunités de collaboration, d'échange de connaissances et de réseautage, il est important d'encourager les lecteurs à participer activement à cette communauté. Participer à des forums en ligne, assister à des conférences en personne et devenir membre de groupes de réunion locaux contribuent tous à la création d'un sentiment d'appartenance tout en offrant des opportunités d'avancement personnel et professionnel.

Le développement du Bitcoin en est encore à ses balbutiements, ce qui signifie que les possibilités d'innovation sont pratiquement infinies. L'investigation de nouveaux concepts, projets et cas d'utilisation est rendue possible en encourageant les lecteurs à s'engager dans une pensée critique, à remettre en question les normes établies et à étudier les voies potentielles d'expérimentation. Les lecteurs ont la capacité de contribuer activement à la croissance continue et à l'adoption généralisée du Bitcoin s'ils encouragent un état d'esprit de curiosité et de créativité en eux-mêmes.

Les effets du Bitcoin deviennent plus apparents avec le temps, et il faudra peut-être des années, voire des décennies, avant que nous comprenions complètement son potentiel réel. La patience, la résilience et la capacité à surmonter la volatilité des marchés et les obstacles réglementaires sont autant de caractéristiques qui peuvent être favorisées en encourageant les lecteurs à adopter une perspective à long terme. Il est important de souligner la nécessité de maintenir un engagement constant en faveur de l'apprentissage, de l'adaptation et du changement afin de garantir que les lecteurs continuent de participer activement au parcours de transformation de Bitcoin.

Le Bitcoin est un phénomène qui dépasse les frontières internationales et n'est pas affecté par les normes culturelles car il fonctionne sur un réseau décentralisé. Une perspective mondiale peut être favorisée en encourageant les lecteurs à étudier l'impact que Bitcoin a produit dans divers domaines et à comprendre la myriade de difficultés et d'opportunités qu'il apporte. Les lecteurs développent une compréhension plus globale de l'influence de Bitcoin dans le monde lorsqu'ils interagissent avec des personnes issues de divers contextes culturels et socio-économiques et acquièrent des connaissances sur les efforts et les développements locaux.

Alors que nous arrivons à la fin de ce livre électronique, nous souhaitons encourager les lecteurs à poursuivre leur propre parcours éducatif personnel et à approfondir leurs recherches sur Bitcoin. Les lecteurs peuvent se mettre à l'avant-garde de cette technologie révolutionnaire en conservant un état d'esprit ouvert aux nouvelles informations, en participant activement à la communauté Bitcoin et en adoptant un apprentissage constant. Bitcoin offre une formidable opportunité de perturber des entreprises entières, de donner aux individus plus de liberté d'action et d'élargir l'accès aux services financiers. Les lecteurs ont la chance de contribuer à un avenir décentralisé et égalitaire, d'alimenter leur propre croissance personnelle et de libérer des opportunités passionnantes d'innovation et d'impact s'ils participent activement à l'écosystème Bitcoin. Les informations que vous avez obtenues en lisant ce livre électronique devraient servir de point de départ à un dévouement permanent à l'apprentissage, à l'innovation et à un rôle actif dans la révolution en cours provoquée par Bitcoin.

Réflexions finales sur l'impact potentiel du Bitcoin

Tout au long de cet e-book, nous avons exploré les complexités et le potentiel révolutionnaire du Bitcoin, en commençant par ses fondements technologiques et en progressant à travers ses utilisations pratiques et ses perspectives d'avenir. Dans cette section, nous présenterons nos dernières réflexions sur l'influence possible du Bitcoin, en tenant compte de ses implications pour le secteur financier, les progrès technologiques, la société et l'économie dans son ensemble. Nous espérons fournir une image vivante de l'énorme influence que Bitcoin est capable d'avoir sur le processus de construction du monde dans lequel nous vivons en réfléchissant aux informations que nous avons acquises et aux possibilités qui nous attendent.

Bitcoin a le potentiel de transformer l'état actuel du système financier mondial car il présente une alternative aux systèmes bancaires établis et à l'autorité centralisée. Le fait qu'il soit décentralisé permet des transactions peer-to-peer, des transferts sans frontières et une inclusion financière accrue. La capacité du Bitcoin à éliminer les intermédiaires et à réduire les frais de transaction ouvre la voie aux populations non bancarisées et sous-bancarisées pour accéder à une gamme plus large de services financiers. Cela ouvre à son tour la voie à une plus grande autonomie économique pour ces groupes.

Les avancées technologiques réalisées par Bitcoin, en particulier la technologie blockchain qui le sous-tend, ont le potentiel de perturber une grande variété d'entreprises en plus du secteur financier. La caractéristique immuable et transparente de la technologie blockchain a le potentiel de transformer les systèmes établis et d'encourager l'innovation dans divers domaines, notamment la gestion de la chaîne d'approvisionnement, les soins de santé, les systèmes de vote et les droits de propriété intellectuelle. La base de Bitcoin permet la création de contrats intelligents et d'applications décentralisées, qui offrent des possibilités illimitées pour accroître l'efficacité, la sécurité et la confiance.

Une monnaie numérique décentralisée qui permet aux individus de prendre le contrôle de leurs actifs monétaires ainsi que de leur identité, ce qui en fait un actif innovant et précieux, est connue sous le nom de Bitcoin. En raison de son pseudonyme, il offre un niveau de secret qui n'est pas toujours assuré par les systèmes bancaires traditionnels. Bitcoin coïncide avec les idées d'identification auto-souveraine et soutient le droit à la vie privée dans un monde de plus en plus numérique. Ceci est accompli en donnant aux individus la propriété et le contrôle des données personnelles qui les concernent.

Bitcoin représente un défi pour les structures de pouvoir centralisées établies, non seulement dans le secteur financier mais également en dehors de celui-ci. De par sa structure, décentralisée et distribuée, il remet en question le monopole dont disposent les gouvernements et les banques centrales sur le contrôle des politiques monétaires et des systèmes financiers. Étant donné que Bitcoin peut permettre des transactions transfrontalières sans avoir recours à des intermédiaires, l'influence des barrières réglementaires est réduite et il est désormais possible que des interactions financières se produisent en dehors des frontières géopolitiques.

En période d'imprévisibilité économique, un actif dont l'offre est limitée et qui est intrinsèquement déflationniste, comme le Bitcoin, est susceptible d'être souhaitable. Bitcoin présente une opportunité pour les investisseurs cherchant une couverture potentielle contre les risques d'inflation et de dévaluation associés aux monnaies fiduciaires traditionnelles. Les particuliers et les institutions ont plus de chances de préserver leur richesse et de réduire les effets négatifs des ralentissements économiques s'ils diversifient leurs portefeuilles d'investissement pour inclure le Bitcoin.

Le potentiel du Bitcoin à réduire les barrières à l'entrée dans le système financier est l'une des implications les plus importantes de cette monnaie numérique décentralisée. Les personnes vivant dans des zones mal desservies peuvent accéder à l'écosystème financier mondial grâce à l'utilisation d'un smartphone et d'une connexion Internet. Cela leur permet de participer à des activités économiques et d'envoyer et de recevoir de la valeur de manière sûre et efficace. Bitcoin a le potentiel de responsabiliser des communautés auparavant mal desservies en leur donnant accès à des opportunités économiques auparavant indisponibles et en supprimant les obstacles traditionnels à la par ticipation.

L'importance du Bitcoin s'étend au-delà des limites de son propre écosystème. À mesure que Bitcoin continue de se développer et d'être largement reconnu, il agit comme un catalyseur d'améliorations technologiques dans les domaines de la cryptographie, de la cybersécurité et des systèmes distribués. En effet, Bitcoin fonctionne comme une monnaie numérique décentralisée. Les problèmes et les exigences du Bitcoin contribuent au paysage technologique plus large, encourageant l'innovation et façonnant l'avenir de la technologie dans son ensemble. Ceci est accompli grâce à la recherche et au développement poussés par Bitcoin.

L'immuabilité ainsi que la transparence de la blockchain Bitcoin inspirent confiance dans l'intégrité des données et la légitimité des transactions financières et des chaînes d'approvisionnement. Bitcoin encourage la transparence et la responsabilité en supprimant l'obligation de recourir à des intermédiaires tiers et en introduisant un grand livre qui ne peut être modifié. Cette confiance renforcée a le potentiel de transformer les relations avec les entreprises, d'améliorer les procédures d'audit et de créer une atmosphère à la fois plus efficace et plus éthique lorsqu'il s'agit de mener des transactions commerciales et de tenir des registres.

Même si Bitcoin pourrait avoir un impact énorme à l'avenir, il existe encore de nombreux obstacles et inconnues. Il existe un certain nombre d'obstacles à surmonter, notamment les cadres réglementaires, les inquiétudes quant à l'échelle, les préoccupations concernant la durabilité environnementale et les obstacles à l'acceptation pour les utilisateurs. Cependant, les leçons de l'histoire démontrent que le potentiel transformationnel de l'innovation peut souvent transcender les difficultés initiales, et que l'écosystème autour du Bitcoin continue de s'adapter et de se développer.

Bitcoin est une innovation révolutionnaire qui affecte non seulement le secteur financier, mais également la technologie et la façon dont les gens pensent et utilisent l'argent. Elle a le potentiel d'avoir une influence considérable, qui offrira une autonomisation financière, une innovation technique et une économie mondiale plus inclusive et transparente. Alors que nous arrivons à la fin de notre exploration des possibilités du Bitcoin, il est essentiel d'envisager un monde dans lequel les individus contrôlent leur propre destinée financière, l'innovation est encouragée et la confiance est rétablie. Nous pouvons collectivement ouvrir une nouvelle ère de possibilités et concevoir un monde qui embrasse la décentralisation, soutient l'innovation et permet aux individus de traverser l'ère numérique en toute confiance si nous comprenons l'influence potentielle que Bitcoin pourrait avoir et si nous participons activement à son écosystème.

Merci d'avoir acheté et lu/écouté notre livre. Si vous avez trouvé ce livre utile/utile, prenez quelques minutes et laissez un commentaire sur la plateforme sur laquelle vous avez acheté votre livre. Vos commentaires comptent beaucoup pour nous.